essentials

Doris Brenner

Mitarbeitergespräche souverän führen

Eine praxisorientiertes Manual für Führungskräfte

2. Auflage

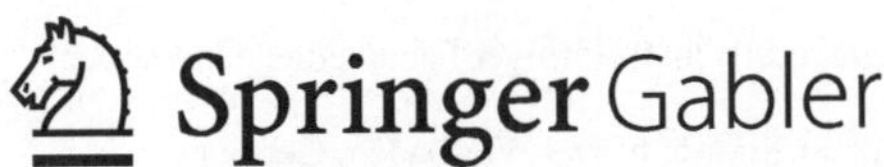

Doris Brenner
Rödermark, Deutschland

ISSN 2197-6708   ISSN 2197-6716 (electronic)
essentials
ISBN 978-3-658-31357-9   ISBN 978-3-658-31358-6 (eBook)
https://doi.org/10.1007/978-3-658-31358-6

Die Deutsche Nationalbibliothek verzeichnet diese Publikation in der Deutschen Nationalbibliografie; detaillierte bibliografische Daten sind im Internet über http://dnb.d-nb.de abrufbar.

Planung/Lektorat: Stefanie Winter
Springer Gabler ist ein Imprint der eingetragenen Gesellschaft Springer Fachmedien Wiesbaden GmbH und ist ein Teil von Springer Nature.
Die Anschrift der Gesellschaft ist: Abraham-Lincoln-Str. 46, 65189 Wiesbaden, Germany

Was Sie in diesem *essential* finden können

- Welche Bedeutung das Festlegen von Zielen besitzt und wie Sie diese sinnvoll formulieren.
- Wie Sie sich auf das Mitarbeitergespräch am besten vorbereiten.
- Welche typischen Beurteilungsfehler es gibt und wie Sie diese vermeiden.
- Wie Sie das Gespräch aufbauen und wie Sie mit Konflikten umgehen können.
- Wie Sie das Gespräch nachbereiten sollten und den größten Nutzen daraus ziehen.

Wenn von Unternehmensvertreter oder Mitarbeiter gesprochen wird, haben wir aus Vereinfachungsgründen darauf verzichtet, jeweils auch die weibliche Schreibform zusätzlich aufzuführen. Selbstverständlich sprechen wir mit diesem Leitfaden in gleicher Weise Menschen unterschiedlichen Geschlechts an.

Inhaltsverzeichnis

Über die Autorin

Doris Brenner ist Wirtschaftswissenschaftlerin mit den Schwerpunkten Marketing und Human Resource Management. Fach- und Führungserfahrung in Linienfunktionen in der Industrie. Langjährige Tätigkeit im strategischen und operativen HR-Bereich insbesondere auf den Gebieten Rekrutierung und Personalentwicklung.

USA-Aufenthalt mit Studium „Neue Trends in HR Development and Training" an der University of Maryland, Graduate School of Business and Technology. Zusammenarbeit mit amerikanischen Personalberatungs- und Trainingsunternehmen in Kundenprojekten. Seit über 20 Jahren als freie Beraterin mit den Schwerpunkten Personalentwicklung und Karriereberatung tätig. Zahlreiche Publikationen zu den Themen Rekrutierung, Assessment-Center, Berufsplanung und Personalentwicklung mit einer Gesamtauflage von über 600.000 Exemplaren sowie regelmäßige Beiträge in Fachzeitschriften und in den Medien.

www.karriereabc.de

Doris Brenner ist Initiatorin und Gründungsvorstand der DGfK Deutsche Gesellschaft für Karriereberatung e. V. www.dgfk.org.

Mitarbeitergespräche – Warum Führungskräfte hier besonders gefordert sind

1

Als Führungskraft müssen Sie häufig zwischen zwei Fronten agieren: Sie sollen die Ihnen gesteckten Ziele erfüllen und gleichzeitig als Vorgesetzter Ihrer Mitarbeiter deren Belange und Wünsche berücksichtigen, um Ihrer Führungsverantwortung und Fürsorgepflicht nachzukommen.

Oft gleicht die Erfüllung dieser Rollenerwartungen einem Drahtseilakt. Wie hieß es früher oft: Zuckerbrot und Peitsche. Aber moderne Führungsstile und die Anforderungen des Marktes lassen sich mit diesen patriarchischen Ansätzen immer weniger verbinden. Gefragt ist der verantwortungsbewusste Teamplayer, der Coach, der die Rahmenbedingungen schafft, unter denen seine Mitarbeiter die besten Leistungen erbringen können. Hierzu zählt auch, den Mitarbeitern eine Orientierung zu geben, welche Erwartungen bestehen und wie der Mitarbeiter diesen Erwartungen gerecht werden kann. Nur so lassen sich Erfolge erzielen und, wenn notwendig, auch Verhaltenskorrekturen vornehmen. Mitarbeitergespräche sind damit ein Instrument für Sie als Führungskraft, um Ihren Mitarbeitern Ihre Erwartungen darzustellen und ein Feedback zu deren Leistungsverhalten zu geben. Gleichzeitig bietet das Mitarbeitergespräch die Chance, dass Sie auch seitens des Mitarbeiters ein Feedback bekommen, wie sich die Situation aus seiner Sicht darstellt und welche Erwartungen und Wünsche er Ihnen gegenüber und bezogen auf seine weitere Entwicklung hat.

Entscheidend ist dabei, welche Einstellung Sie gegenüber dem Mitarbeitergespräch haben und wie Sie dieses gestalten. Gelingt es Ihnen, eine Win-Win-Situation zu schaffen, bei der Sie und Ihr Mitarbeiter profitieren, werden Sie auf dem Weg Ihrer eigenen Zielerreichung ein gutes Stück weiterkommen. Damit sollten Sie das Mitarbeitergespräch nicht als lästige Zusatzaufgabe betrachten, sondern als hilfreiches Instrument auch im Hinblick auf Ihre eigene Zielerreichung und berufliche Weiterentwicklung. Schließlich tragen Ihre

© Springer Fachmedien Wiesbaden GmbH, ein Teil von Springer Nature 2020   1
D. Brenner, *Mitarbeitergespräche souverän führen*, essentials,
https://doi.org/10.1007/978-3-658-31358-6_1

Mitarbeiter durch ihre Leistung auch zu Ihrem eigenen Erfolg bei. Eine offene Rückmeldung, wie Ihr Führungsverhalten aus der Perspektive eines Mitarbeiters wahrgenommen wird, kann Ihnen wichtige Impulse für die eigene Reflexion und Ihr zukünftiges Verhalten liefern.

Für das Gelingen eines Mitarbeitergespräches stellt gegenseitiges Vertrauen eine wichtige Voraussetzung dar. Dieses entsteht nicht durch rhetorische Bekenntnisse im Gespräch, sondern bedarf des kontinuierlichen Aufbaus im Alltag. Positive Erfahrungen, Wohlwollen, Verlässlichkeit und Integrität spielen dabei eine wichtige Rolle.

Mitarbeitergespräche brauchen Zeit. Zeit, die im Arbeitsalltag knapp ist. Dennoch ist diese Zeit sehr gut investiert, wenn Sie die wesentlichen Grundregeln beachten.

Relativ einfach stellt sich die Situation dar, wenn Sie mit dem Verhalten und den Leistungen Ihrer Mitarbeiter zufrieden sind. Kritisch wird es dann, wenn diese von Ihren Vorstellungen und den gesteckten Zielen abweichen. Dann zeigt sich, ob Sie das Instrument Mitarbeitergespräch wirklich erfolgreich einsetzen können. Deshalb werden wir im Rahmen dieses Manuals auch auf diese kritischen Situationen eingehen.

Zielsetzung von Mitarbeitergesprächen 2

Das Mitarbeitergespräch ist ein wesentliches Instrument im Rahmen der Mitarbeiterführung. Es dient dazu, zwischen Ihnen als Führungskraft und Ihrem Mitarbeiter Klarheit und Transparenz zu schaffen. Denn oft bietet der Arbeitsalltag nicht den passenden Rahmen oder die Zeit, um Verhaltensweisen oder Andeutungen die notwendige Beachtung zu schenken und diesen auf den Grund zu gehen. Daher bietet das Mitarbeitergespräch die Chance, einmal inne zu halten und die Arbeitssituation, das Leistungsverhalten und den Umgang miteinander näher zu beleuchten und zu erfahren, wie diese von den Gesprächspartnern wahrgenommen werden. Auf dieser Basis des offenen Austauschs gilt es, Ziele und Maßnahmen für die Zukunft festzulegen, die den gegenseitigen Erwartungen und Wünschen gerecht werden.

Mitarbeitergespräche können im Einzelnen mehrere Zielsetzungen verfolgen:

- Austausch von Eindrücken und Erwartungen sowie Vertrauensbildung zwischen Führungskraft und Mitarbeiter.
- Rückmeldung an den Mitarbeiter, wie sein Verhalten und seine Leistung wahrgenommen und bewertet werden.
- Feststellung des Erreichungsgrades von definierten Zielen und Vereinbarung von Zielen für die Zukunft auf der Grundlage der strategischen Ziele des Unternehmens.
- Festlegung von Maßnahmen zur Beseitigung von Defiziten und zur Weiterqualifizierung des Mitarbeiters
- Austausch über die weiteren Entwicklungsmöglichkeiten des Mitarbeiters im Unternehmen
- Rückmeldung an die Führungskraft, wie ihr Führungsverhalten wahrgenommen wird und welche Erwartungen seitens des Mitarbeiters bestehen

© Springer Fachmedien Wiesbaden GmbH, ein Teil von Springer Nature 2020

D. Brenner, *Mitarbeitergespräche souverän führen*, essentials,

https://doi.org/10.1007/978-3-658-31358-6_2

Austausch von Eindrücken und Erwartungen sowie Vertrauensbildung zwischen Führungskraft und Mitarbeiter

Die Auffassung, dass Mitarbeitergespräche keine Einbahnstraße sein sollten, hat sich in der heutigen Berufswelt als Grundverständnis der Zusammenarbeit zwischen Führungskraft und Mitarbeiter etabliert. Sprach man früher von Beurteilungsgesprächen, liegt heute der Fokus ganz klar auf dem gegenseitigen Austausch auf Augenhöhe. Der Dialog und damit der Austausch von Eindrücken und Erwartungen basiert auf einem partnerschaftlichen Ansatz, der Sie als Führungskraft und Ihre Mitarbeiter gleichermaßen in die Verantwortung nimmt. Das Mitarbeitergespräch stellt damit auch eine Maßnahme der Vertrauensbildung dar, die für beide Seiten mehr Berechenbarkeit und damit Sicherheit bringt.

Rückmeldung an den Mitarbeiter, wie sein Verhalten und seine Leistungen gesehen und bewertet werden

Ihre Mitarbeiter werden nur dann in der Lage und willens sein, mögliche Verhaltenskorrekturen vorzunehmen, wenn Sie ihnen eine Rückmeldung über das gezeigte Verhalten in der Vergangenheit geben. An konkreten Fallbeispielen anschaulich beschriebenes und nachvollziehbares Feedback stellt die Grundlage für Reflexion und Neuausrichtung dar.

Feststellung des Erreichungsgrades von vereinbarten Zielen und Vereinbarung von Zielen für die Zukunft auf der Grundlage der strategischen Ziele des Unternehmens

Dies setzt natürlich voraus, dass Sie für den betreffenden Zeitraum auch Ziele vereinbart haben. Welche Anforderungen an die Festlegung von Zielen gestellt werden, finden Sie im Kap. 4 dieses Manuals. Wichtig ist in diesem Zusammenhang auch, dass die definierten Ziele einen Bezug zu den strategischen Zielen des Unternehmens haben bzw. wie sich die Ziele des Mitarbeiters daraus ableiten lassen.

Festlegung von Maßnahmen zur Beseitigung von Defiziten und zur Weiterqualifizierung des Mitarbeiters

Im Rahmen des Mitarbeitergespräches sollten Maßnahmen festgelegt werden, die zur Bewältigung derzeitiger und zukünftiger Anforderungen an den Mitarbeiter erforderlich oder sinnvoll sind. Gerade der Blick nach vorn und die Ausrichtung der Qualifizierungsmaßnahmen an den Erfordernissen der Zukunft ist ein wichtiger Aspekt. Zahlreiche Veränderungen, die die Arbeitswelt 4.0 und die damit verbundene Digitalisierung mit sich bringen, führen teilweise zu Verunsicherungen und bisweilen Ängsten bei den Mitarbeitern. Indem dieses Thema aufgegriffen und gezielte Maßnahmen vereinbart werden, kann dies zu einer positiveren Haltung des Mitarbeiters gegenüber den Veränderungen beitragen.

Austausch über die weiteren Entwicklungsmöglichkeiten des Mitarbeiters im Unternehmen

Mitarbeitergespräche sind eine ideale Möglichkeit, den Blick nach vorne zu richten und gemeinsam mit dem Mitarbeiter über die Zukunft zu sprechen. Dabei geht es um Perspektiven und das Potenzial, weiterführende Aufgaben zu übernehmen. Auch hier zeigt sich der Charakter eines Mitarbeitergespräches, da nicht nur die Sichtweise von Ihnen als Führungskraft, sondern auch die Wünsche und Ideen des Mitarbeiters eine wesentliche Rolle spielen, wie er sich seine weitere Ausrichtung vorstellt. Im Dialog gilt es, die gegenseitigen Vorstellungen abzugleichen und realistische Szenarien festzuhalten. Im Rahmen der Mitarbeiterentwicklung sollten entsprechende Maßnahmen vereinbart werden, die den Mitarbeiter auf die Übernahme von zusätzlicher Verantwortung bzw. von neuen Aufgaben vorbereiten. In jedem Fall dient das Mitarbeitergespräch dazu, eine Standortbestimmung vorzunehmen, bei der Sie als Führungskraft gemeinsam mit dem Mitarbeiter die Weichen für die weitere Entwicklung des Mitarbeiters stellen können.

Rückmeldung an die Führungskraft, wie ihr Führungsverhalten wahrgenommen wird und welche Erwartungen seitens des Mitarbeiters bestehen

Indem Sie seitens des Mitarbeiters auch eine Rückmeldung erhalten, wie Ihr Verhalten wahrgenommen wird, bietet sich Ihnen die Chance der Reflexion im Hinblick auf Ihr zukünftiges Führungsverhalten. Führungskräfte klagen häufig darüber, dass sie von ihren Mitarbeitern keine offene Rückmeldung erhalten. Es wird auch wenig von Erfolg gekrönt sein, wenn Sie im Mitarbeitergespräch offen Kritik seitens des Mitarbeiters wünschen, sich im Arbeitsalltag jedoch sehr autoritär verhalten und der Mitarbeiter dann mit Repressionen wegen seiner Offenheit rechnen muss. Daher kann nur davon abgeraten werden, einen „kommunikativen Sonntagsanzug"[1] beim Mitarbeitergespräch anzuziehen, der im Arbeitsalltag nicht passt.

---

[1]vgl. Hossiep, Rüdiger, u. a.: Mitarbeitergespräche. Göttingen: Hogrefe Verlag 2. Auflage 2020.

2.1   Gesprächsanlässe und -situationen

Gespräche, bei denen es darum geht, dem Mitarbeiter rückblickend eine Rückmeldung bezüglich seines Verhaltens zu geben und ihm Ziele bzw. Entwicklungsmöglichkeiten aufzuzeigen, können zu unterschiedlichen Anlässen geführt werden (siehe Abb. 2.1).

Probezeit

Es ist sinnvoll, sich mit einem neuen Mitarbeiter nicht erst am Ende, sondern bereits im Verlauf der Probezeit kontinuierlich auszutauschen. Da die Zusammenarbeit für beide Seiten noch neu ist, gewinnen die Gespräche hier eine ganz besondere Bedeutung. Sie helfen Ihnen als Vorgesetztem, dem Mitarbeiter eine Orientierung zu geben, welche Erwartungen Sie haben und wie sein Verhalten in der neuen Umgebung eingeschätzt wird. Gerade in der Anfangsphase sollten Sie sich ausreichend Zeit nehmen, um dem neuen Mitarbeiter grundsätzliche Dinge, die Ihnen wichtig sind, zu vermitteln. Dieses gemeinsam entwickelte Grundverständnis der Zusammenarbeit zahlt sich in der weiteren Zusammenarbeit aus, da es Missverständnisse und Fehlinterpretationen vermeiden hilft.

Am Ende der Probezeit kann es jedoch auch sein, dass eine weitere Zusammenarbeit nicht gewünscht ist. In diesem Fall kommt dem Mitarbeitergespräch die Rolle eines sogenannten Exit-Interviews zu. Hierzu finden Sie nähere Ausführungen unter dem Punkt „Veränderung".

Projektabschluss

Der Abschluss eines Projektes ist eine gute Gelegenheit zur Manöverkritik. Da die aktuelle Aufgabe beendet ist, kann zeitnah die gezeigte Leistung beurteilt und diskutiert werden. Ferner bietet es sich an, zu diesem Zeitpunkt über neue Aufgaben zu reden und die Beseitigung von erkannten Defiziten aus dem letzten

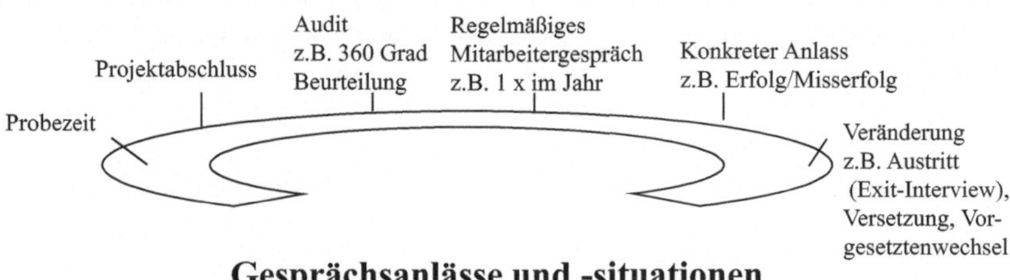

Abb. 2.1 Gesprächsanlässe und -situationen

Projekt in Angriff zu nehmen. Diese „lessons learnt" sind ein wichtiger Schritt im Prozess der kontinuierlichen Verbesserung.

Audit

Audits werden als entscheidungsorientierte Analyse der Gesamtkompetenz einer Führungskraft im Unternehmensumfeld definiert. Mit einfacheren Worten geht es darum festzustellen, wie gut eine Führungskraft ihren Job macht und ob man ihr noch mehr Verantwortung in der Zukunft zutraut. Hierzu werden in der Regel „Mitarbeitergespräche" mit einer Vielzahl von Personen im direkten Umfeld der zu beurteilenden Person geführt. Bei der sogenannten 360°-Beurteilung werden der direkte Vorgesetzte, die Mitarbeiter, die Kollegen und interne bzw. externe Kunden um eine Einschätzung gebeten. Häufig wird das Verfahren durch externe Berater durchgeführt, die ebenfalls im Rahmen eines Gespräches eine Einschätzung des Kandidaten vornehmen.

Regelmäßiges Mitarbeitergespräch

Das regelmäßige, in einem bestimmten Zeitintervall stattfindende Gespräch zwischen Führungskraft und Mitarbeiter ist die häufigste Durchführungsvariante des Mitarbeitergesprächs. Das Zeitintervall beträgt häufig ein Jahr. Dies bedeutet nicht, dass nicht auch innerhalb dieses Zeitrahmens weitere Gespräche aufgrund eines bestimmten Anlasses stattfinden können. Das regelmäßige Mitarbeitergespräch ist in vielen Organisationen ein fest institutionalisiertes, personalpolitisches Instrument. Aufgrund der betrieblichen Mitbestimmungsregelungen ist bei der Einführung und Ausgestaltung – sofern vorhanden – der Betriebsrat bzw. Personalrat zu beteiligen. Gerade in größeren Organisationen existieren für das Mitarbeitergespräch feste Rahmen (Betriebsvereinbarungen, Gesprächsleitfäden und Formulare).

Konkreter Anlass

Grobe Verhaltensfehler, aber auch außergewöhnliche Erfolge geben Anlass, dass Sie mit dem Mitarbeiter ein Gespräch führen und das gezeigte Verhalten reflektieren. Handelt es sich um Verstöße oder grob fahrlässiges Verhalten (z. B. Schlägereien, Diebstahl, Mobbing), wird das Gespräch konkrete Konsequenzen mit sich bringen, die dem Mitarbeiter zu kommunizieren sind. Aber auch positives Verhalten eines Mitarbeiters (z. B. außergewöhnlicher Einsatz über die Arbeitszeit hinaus, Akquise eines Auftrags, Übernahme von Aufgaben, die nicht direkt zum Arbeitsgebiet gehören) sollte dazu führen, dass ihm eine Rückmeldung gegeben wird, die eine entsprechende Anerkennung seines Verhaltens zum Ausdruck bringt.

Veränderung

Nichts ist so beständig wie der Wandel, daher sind Veränderungen wie Vorgesetztenwechsel, Übernahme eines neuen Arbeitsgebietes, Versetzungen oder Austritte im Berufsalltag kontinuierlich anzutreffen. All diese Ereignisse machen es sinnvoll oder sogar notwendig, mit dem Mitarbeiter ein Gespräch zu führen, damit die bisherige Tätigkeit abschließend beurteilt und auch im Hinblick auf die Übergabe dokumentiert werden kann. Eine zunehmende Bedeutung gewinnt das sogenannte Exit Interview, bei dem im Zuge der Beendigung eines Arbeitsverhältnisses mit dem Mitarbeiter ein abschließendes Gespräch geführt wird. Das Exit Interview bietet die Chance, dass Sie als Führungskraft und Ihr Mitarbeiter einen Blick auf das Arbeitsverhältnis werfen und positive wie kritische Aspekte gemeinsam beleuchten. Das Exit Interview hat nicht die Intention einer „letzten Abrechnung". Die Tatsache, dass Sie einen Mitarbeiter zum Exit-Interview einladen, vermittelt nicht zuletzt Wertschätzung, da Sie damit signalisieren, dass Sie sich für die Sichtweise und die Beweggründe ihres (ehemaligen) Mitarbeiters interessieren. Das Exit Interview kann Ihnen als Führungskraft auch wichtige Hinweise auf Missstände und Verbesserungspotenzial bieten. Da Mitarbeiter häufig innerhalb der Branche wechseln, ergeben sich oft auch zukünftige Berührungspunkte. Daher ist es ein Vorteil, wenn die Beendigung des Arbeitsverhältnisses einen positiven, einvernehmlichen Abschluss findet.

Das Mitarbeitergespräch als Bestandteil der Führungskultur   3

Ob schriftlich fixiert oder nicht, jedes Unternehmen hat eine bestimmte Führungskultur, die dem Verhältnis zwischen Führungskraft und Mitarbeiter einen Rahmen gibt. Sicherlich, jede Führungskraft führt anders. Sie mögen einen anderen Führungsstil als Ihr Kollege haben. Dennoch existiert in den Unternehmen, nicht zuletzt auf der Grundlage der Unternehmensphilosophie, ein Leitbild, wie das Verhältnis zwischen Führungskraft und Mitarbeiter beschaffen sein sollte.

Dieses Leitbild, ob eher autoritär und patriarchisch oder teamorientiert und kooperativ, hat Einfluss nicht zuletzt auch auf das Führen von Mitarbeitergesprächen.

In einem jungen, agilen Start-up-Unternehmen wird in der Regel ein anderes Führungsverständnis vorhanden sein als in einem Großkonzern oder einer Behörde.

Überlegen Sie sich deshalb,

- wie die Führungskultur in Ihrem Unternehmen aussieht,
- ob es eine schriftliche Fixierung dieses Führungsleitbildes gibt,
- wie Sie Ihren persönlichen Stil mit diesem Leitbild in Einklang bringen können,
- welche Konsequenzen dies für das Führen von Mitarbeitergesprächen hat.

3.1   Führungskultur kommunizieren und leben

Vielleicht werden Sie bei den letzten Überlegungen festgestellt haben, dass es zwar auf Hochglanzpapier gedruckte Führungsleitbilder gibt, die gelebte Realität im Unternehmen aber doch anders aussieht. Das Verhältnis zwischen

© Springer Fachmedien Wiesbaden GmbH, ein Teil von Springer Nature 2020   9
D. Brenner, *Mitarbeitergespräche souverän führen*, essentials,
https://doi.org/10.1007/978-3-658-31358-6_3

Führungskraft und Mitarbeiter kann nicht verordnet werden, sondern muss sich im täglichen Arbeitsprozess entwickeln und bewähren. Ihr persönlicher Stil spielt dabei eine wichtige Rolle, damit Sie authentisch wahrgenommen werden. Ferner ist es wenig Erfolg versprechend, sich zwar vorzunehmen, das Mitarbeitergespräch mit dem Mitarbeiter in einer partnerschaftlichen Form zu gestalten, das ganze Jahr hindurch jedoch den Mitarbeiter autoritär zu führen. Ein in sich schlüssiger und für den Mitarbeiter berechenbarer Führungsstil stellt eine wichtige Grundlage dafür dar, dass der Mitarbeiter eine klare Orientierung bekommt, welches Verhalten zu welchen Reaktionen führt und was von ihm erwartet wird.

Heute hat sich in den meisten Unternehmen ein eher kooperativer Führungsstil durchgesetzt, der dem einzelnen Mitarbeiter mehr Eigenverantwortung überträgt. Dies ist nicht zuletzt den veränderten Anforderungen des Marktes und den Erwartungen der Mitarbeiter geschuldet. Flexible Arbeitszeiten, agile Arbeitsstrukturen und remote Arbeitsplätze bringen unweigerlich ein neues Verständnis von der Beziehung zwischen Führungskraft und Mitarbeiter mit sich.

Für Sie als Führungskraft bedeutet dies:

- Der Mitarbeiter wird in Zielbildungs- und Entscheidungsprozesse einbezogen.
- Führungskraft und Mitarbeiter kommunizieren offen und tauschen ihre Meinungen aus.
- Der Mitarbeiter übernimmt mehr Verantwortung und denkt unternehmerisch.
- Führungskraft und Mitarbeiter verstehen sich als Partner.
- Die Führungskraft ist Coach und stellt die Rahmenbedingungen sicher, die der Mitarbeiter zur Aufgabenerfüllung benötigt.

Insgesamt nimmt die Bedeutung des Vertrauens unter diesen veränderten Rahmenbedingungen weiter zu. Wenn Sie als Führungskraft Ihre Mitarbeiter z. B. im Homeoffice und damit nicht mehr ständig vor Ort haben, heißt es Vertrauen zu entwickeln und Abschied zu nehmen von einer ständigen Überprüfbarkeit der Leistungserbringung. Nur so können Sie gelassen darauf bauen, dass die Eigenverantwortung und Motivation Ihrer Mitarbeiter unabhängig von Ihrer physischen Präsenz vorhanden ist. Das Entstehen von Vertrauen braucht Zeit und die Bereitschaft, einen Vertrauensvorschuss zu geben. Vertrauen wächst, wenn positive Erfahrungen den gewährten Vertrauensvorschuss als richtig bestätigen und damit Sie als Führungskraft und Ihr Mitarbeiter sich als vertrauenswürdig erweisen.

Kein Mitarbeitergespräch ohne Zielvereinbarung 4

Ob etwas gut oder schlecht, erfolgreich oder nicht ist, lässt sich nur ermitteln, wenn eine Messlatte existiert, an der man sich orientieren kann. Sind 50 neu akquirierte Kunden viel oder wenig? Ist eine Fehlerquote von 1,3 % als Erfolg oder Misserfolg zu werten? Es ist müßig, mit einem Mitarbeiter über bestimmte Leistungen zu diskutieren, wenn für beide Seiten nicht im Vorfeld klar ist, welche Ergebnisse angestrebt werden.

Die Messlatte im Rahmen der Mitarbeiterführung und -beurteilung ist ein gemeinsames Verständnis darüber, welche Erwartungen bestehen und wie bestimmte Ergebnisse beurteilt werden. Nur wer im Vorfeld diese Ziele vereinbart, kann am Ende des Beurteilungszeitraums die Ergebnisse daran messen.

4.1 Was sind Ziele?

Wer nicht weiß, wo er hin will, wird nicht merken, wann er ankommt. Mit Zielen definieren wir, wohin wir wollen. Ziele sind die Beschreibung eines angestrebten Wunschzustands. Jedes Unternehmen verfolgt bestimmte Ziele. „Wir streben im nächsten Jahr eine Umsatzsteigerung von 15 % an". „Unser Marktanteil soll Ende nächsten Jahres im Bereich Elektrofahrzeuge weltweit bei 18 % liegen". „Im kommenden Jahr wollen wir erreichen, dass unser Unternehmen klimaneutral ist". Um Unternehmensziele erreichen zu können, ist eine stufenweise Ableitung von Unterzielen für die einzelnen hierarchischen Ebenen notwendig. Wird diese Ableitung bis hin zum einzelnen Mitarbeiter vorgenommen, sprechen wir vom „Management by objectives". Dies bedeutet, dass die mit dem Mitarbeiter vereinbarten Ziele immer als Beitrag zur Zielerreichung des Unternehmens verstanden werden müssen. „Management by objectives" ist ein Führungsstil, der

© Springer Fachmedien Wiesbaden GmbH, ein Teil von Springer Nature 2020   11
D. Brenner, *Mitarbeitergespräche souverän führen*, essentials,
https://doi.org/10.1007/978-3-658-31358-6_4

- die Leistung des Mitarbeiters klar an der Zielerreichung misst,
- sich an den Ergebnissen orientiert,
- durch die Fixierung von Zielen konkrete Erfolgsmaßstäbe schafft,
- dem Mitarbeiter Freiräume lässt, wie er die Ziele erreichen will.

Ziele helfen Ihnen als Führungskraft, die gewünschte Leistung des Mitarbeiters messbar zu machen und eine klare Orientierung zu geben, was das Unternehmen von ihm erwartet.

4.2   Wie Sie Ziele vereinbaren können

Damit sich Ziele als Grundlage für die Mitarbeiterbeurteilung eignen, sollten diese bestimmte Kriterien erfüllen, die sich an der SMART-Formel orientieren (siehe Abb. 4.1).

Spezifisch
Ziele sollten klar formuliert und damit konkret sein. Für den Mitarbeiter muss eindeutig sein, worum es geht. Beispiel: *„Überprüfung der Lagerbestände"* stellt noch kein spezifisches Ziel dar. Was soll konkret angestrebt werden? Welche Lagerpositionen sind zu betrachten? In welchem Zeitraum soll etwas getan werden? Besser wäre die Formulierung: *„Reduzierung der im Rahmen der ABC-Analyse ermittelten C-Positionen im Lagerbestand um 30 % bis 30.6."*
   Der beste Weg, um ein gemeinsames Verständnis und Eindeutigkeit zu erreichen, besteht darin, die Ziele schriftlich und klar zu formulieren.

Abb. 4.1 Smarte Ziele

- *Alle Bauteile innerhalb der additiven Fertigung sind in den nächsten sechs Monaten definiert und zertifiziert.*
- *Die Betreuung der Kunden in der DACH-Region erfolgt ab 1.7. über unseren Partnervertrieb. Hierzu sind die Mitarbeiter in unserem System zu schulen.*

Messbar

Damit am Ende des Beurteilungszeitraums ersichtlich ist, ob das Ziel auch tatsächlich erreicht wurde, sollte dieses messbar sein. Hierzu eignen sich besonders quantitative Ziele, das heißt Ziele, die zahlenmäßig belegbar sind. Beispiele:

- *Die Umsatzrendite soll im folgenden Jahr um 3 % steigen.*
- *Die Durchlaufzeit für einen Auftrag soll innerhalb der nächsten sechs Monate auf eine Woche reduziert werden.*
- *Jeder Mitarbeiter erhält ab dem nächsten Jahr mindestens fünf Tage Weiterbildung.*
- *Die Fehlerquote bei der Herstellung von Mikrochips soll im nächsten Jahr unter 0,5 % sinken.*

Schwieriger ist das Messen der Zielerreichung, wenn diese nur qualitativ beschrieben ist. Beispiele:

- *Die Sicherheit am Arbeitsplatz soll erhöht werden.*
- *Die Zufriedenheit der Mitarbeiter soll gesteigert werden.*
- *Überstunden sollen abgebaut werden.*

Versuchen Sie, Ziele möglichst quantitativ festzulegen!
Häufig lassen sich aus qualitativen Zielen auch quantitative ableiten:

- *Die Sicherheit am Arbeitsplatz soll erhöht werden* = Die Arbeitsunfälle sollen im nächsten Jahr um 10 % reduziert werden.
- *Die Zufriedenheit der Mitarbeiter soll gesteigert werden* = In einer Mitarbeiterbefragung soll Ende nächsten Jahres ein Arbeitszufriedenheitsgrad von 90 % erreicht werden.
- *Die Mitarbeiter sollen weniger Überstunden arbeiten* = Die Überstunden sollen im nächsten Jahr in Ihrem Bereich um 20 % reduziert werden.

Zur Messbarkeit eines Ziels gehört auch immer die zeitliche Dimension. Definieren Sie, innerhalb welchen Zeitraums das angestrebte Ziel erreicht werden soll. Sofern nötig, kann dabei auch mit Zwischenzielen gearbeitet werden: *Die Durchlaufzeiten der Aufträge sind von heute drei Wochen bis 30.6. auf zwei Wochen und bis 31.12. auf eine Woche zu reduzieren.*

Attraktiv

Ziele sollten so festgelegt werden, dass sie für den Mitarbeiter einen Anreiz darstellen. Dies ist dann der Fall, wenn sich der Mitarbeiter mit den Zielen identifizieren kann und diese für ihn sinnvoll und nachvollziehbar sind. Um für den Mitarbeiter motivierend zu sein, müssen die Ziele auch eine Herausforderung für ihn darstellen. Entscheidend ist dabei, den richtigen Mittelweg zu finden zwischen Zielen, die ohne Anstrengung erreicht werden können, und solchen, die unrealistisch sind und damit den Mitarbeiter nur frustrieren, weil er keine Chance auf Erfolg hat.

Realistisch

Ziele sollten realistisch und innerhalb des festgelegten Betrachtungszeitraums für den Mitarbeiter unter den gegebenen Rahmenbedingungen auch erreichbar sein. Dies beinhaltet auch, dass dem Mitarbeiter die hierzu notwendigen Ressourcen zur Verfügung stehen sollten. Werden dem Mitarbeiter parallel mehrere Ziele gesetzt, so dürfen diese sich nicht gegenseitig widersprechen.

Terminiert

Ziele sollten einen klaren Zeitpunkt haben zu dem sie realisiert sein sollen. So hat der Mitarbeiter einen Planungshorizont, und das Ziel ist nicht nur ein Wunsch oder eine Absichtserklärung. Dies erhöht die Verbindlichkeit.

Abb. 4.2 zeigt ein Musterformular einer Ziel- und Aufgabenvereinbarung.

4.3 Ausgewogenheit von Zielen – die Balanced Scorecard

Unter Balanced Scorecard versteht man die Ausgewogenheit von Zielen. Da sich ein Unternehmen immer in einem Spannungsfeld bewegt, ist den verschiedenen Interessengruppen Rechnung zu tragen. Daher werden im Rahmen der Balanced Scorecard unterschiedliche Zieldimensionen festgelegt. Dies bedeutet, dass es nicht nur um die Erreichung von z. B. Umsatz- und Ergebniszielen geht, sondern auch um das Image in der Öffentlichkeit, Mitarbeiterzufriedenheit und Umweltverträglichkeit. Wie bei den Unternehmenszielen sollte auch bei den einzelnen Mitarbeiterzielen darauf geachtet werden, dass diese ausgewogen sind und unterschiedliche Aspekte berücksichtigt werden. Ziele wie Nachwuchsförderung,

**Ziel- und
Aufgabenvereinbarung
MUSTER**

**PHŒNIX
CONTACT**

Name, Vorname   Abteilung

Beurteilungsdatum _______________________   Beurteiler/in _______________________

Ziel- und Aufgabenvereinbarungen bis zur nächsten Beurteilung

| Ziele | Vereinbarungen | | | Gewichtung | Feed-back-Zwischen-gespräch |
| | Anmerkung: Kriterien, an denen die Zielerreichung gemessen wird | | | Verteilung von | |
	Termin	Kriterium I	Kriterium II	16 Punkten	Termin
1.					
2.					
3.					
4.					

	erreichte Kriterien	Gewichtungspunkte			
Ziel 1:		x	Pkt x 0,25 =	%	
Ziel 2:		x	Pkt x 0,25 =	%	
Ziel 3:		x	Pkt x 0,25 =	%	
Ziel 4:		x	Pkt x 0,25 =	%	
Summe Prozent:				%	

Fördermaßnahmen zur Zielerreichung

Unterschrift Beurteiler/in _______________________   Kenntnisnahme Beurteilte/r _______________________

Abb. 4.2 Aufbau von Zielvereinbarungen

Unterstützung anderer Bereiche im Unternehmen, Repräsentation des Unternehmens nach außen in Gremien oder in Form von Vorträgen wären hier beispielhaft zu nennen.

4.4   Leistungsverhalten im Jahresablauf – Buchführung ist alles

Neben der Ergebnisorientierung, die durch Ziele vorgegeben wird, ist auch das Leistungsverhalten, d. h. wie der Mitarbeiter die Ziele erreicht, von Bedeutung. Gute Verkaufszahlen alleine sind nur die halbe Miete, wenn von Kunden als auch Kollegen negative Rückmeldungen bezüglich des Verhaltens des Mitarbeiters kommen. Mittel- und langfristig wird dies einen negativen Einfluss auch auf die Ergebnisse haben. Wollen Sie bezüglich des Verhaltens eines Mitarbeiters fundierte Eindrücke festhalten und diese im Rahmen des Mitarbeitergespräches auch kommunizieren, gibt es nur eines: Buchführung.

Machen Sie sich über den gesamten Betrachtungszeitraum Notizen bezüglich des Verhaltens Ihres Mitarbeiters.

Notizen erleichtern eine objektive Gesamtbeurteilung, die auf konkreten Ereignissen beruht. Die Beispiele geben dem Mitarbeiter zum einen das Gefühl, dass Sie sich mit ihm beschäftigen. Dies drückt Wertschätzung aus. Zum anderen kann Kritik wesentlich konkreter geäußert und belegt werden, wenn sich diese an Ereignissen und Vorkommnissen orientiert und nicht pauschal in den Raum gestellt wird. Dies ist ganz besonders dann wichtig, wenn an die Leistungsbeurteilung auch eine variable Gehaltskomponente gekoppelt ist und der Mitarbeiter finanzielle Auswirkungen aus der Beurteilung spürt.

Orientieren Sie sich bei Ihrer Buchführung an dem in Abb. 4.3 dargestellten Schema.

4.5   Wenn Zielvereinbarungen geändert werden müssen

Es gibt Situationen, die es notwendig machen, dass Sie die mit Ihrem Mitarbeiter vereinbarten Ziele verändern. Dies ist z. B. dann der Fall, wenn von außen Einflussfaktoren auftreten, die der Mitarbeiter in keiner Weise beeinflussen kann. Ein Medikament wird z. B. vom Markt genommen, Ihr Vertriebsmitarbeiter hat nichts mehr, was er verkaufen kann. Sie sind als Führungskraft gefordert, hier einzugreifen und gemeinsam mit dem Mitarbeiter über neue Ziele zu sprechen. Lässt

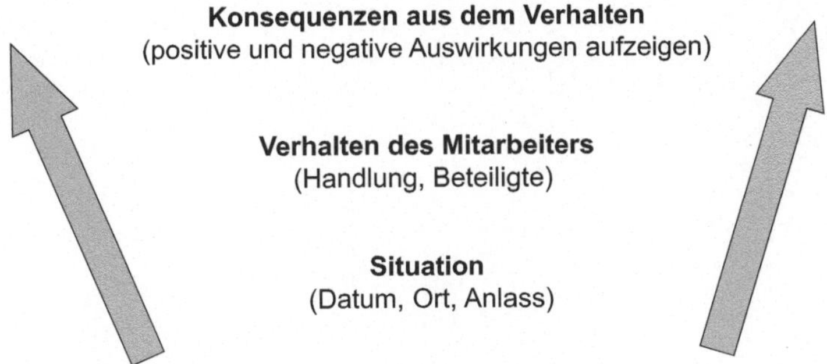

Abb. 4.3 Schema, um das Leistungsverhalten der Mitarbeiter festzuhalten

man alles weiterlaufen, wird am Ende bei allen Beteiligten nur Frustration entstehen.

Wenn Sie Ziele im Laufe des Beurteilungszeitraums ändern, sollten Sie folgende Punkte beachten:

- Analysieren Sie zunächst die Ursachen, warum ein Ziel nicht mehr erreichbar ist.
- Überlegen Sie sich alternative Ziele.
- Besprechen Sie die Situation mit Ihrem Mitarbeiter.
- Vereinbaren Sie gemeinsam neue Ziele, die der veränderten Situation entsprechen.

Die Vorbereitung des Mitarbeitergesprächs 5

Damit das Mitarbeitergespräch für beide Seiten gewinnbringend ist und sich positiv auf die weitere Zusammenarbeit und Entwicklung des Mitarbeiters auswirkt, bedarf es im Vorfeld einer Reihe von Überlegungen und vorbereitender Maßnahmen. Auch wenn Sie eine Vielzahl von Mitarbeitergesprächen führen, sollten Sie nicht vergessen, dass für jeden einzelnen Mitarbeiter sein Mitarbeitergespräch etwas Besonderes ist und das, was Sie kommunizieren, für ihn eine große Bedeutung hat. Sie tragen damit eine hohe Verantwortung mit dem, was Sie Ihrem Mitarbeiter sagen oder auch nicht sagen. Hängen auch Gehaltskomponenten von der Zielerreichung ab, nimmt diese Bedeutung noch zu.

5.1 Der richtige Rahmen, die richtige Zeit

Wie beim Film, so hat auch beim Mitarbeitergespräch das richtige „Setting" einen wichtigen Einfluss. Damit sich eine entspannte Gesprächsatmosphäre entwickeln kann, bei der beide Seiten auch kritische Punkte offen ansprechen, sollten Sie Sorge tragen, dass seitens der äußeren Rahmenbedingungen eine gute Ausgangssituation besteht.

Checkliste
- Wählen Sie einen Gesprächstermin, bei dem Sie ungestört sind (keine Telefonate durchstellen lassen, Handy aus, keine sonstigen Anwesenden außer Ihnen und Ihrem Mitarbeiter).
- Zwängen Sie ein Mitarbeitergespräch nicht zwischen zwei andere Termine, ohne ausreichend Zeit zur Verfügung zu haben (1,5 h sollten Sie in jedem Fall frei halten).

© Springer Fachmedien Wiesbaden GmbH, ein Teil von Springer Nature 2020

D. Brenner, *Mitarbeitergespräche souverän führen*, essentials,

https://doi.org/10.1007/978-3-658-31358-6_5

- Wählen Sie keinen Termin, der für den Mitarbeiter als Provokation zu verstehen ist (Termin außerhalb der regulären Arbeitszeit, spät abends, während seines geplanten Urlaubs).
- Wählen Sie eine Sitzordnung, die einem partnerschaftlichen Dialog förderlich ist (Besprechungstisch, nicht Chefsessel und Besucherstuhl gegenüber dem Schreibtisch).
- Stellen Sie Getränke bereit.
- Kündigen Sie das Gespräch Ihrem Mitarbeiter rechtzeitig an und geben Sie ihm eine Orientierung über den Ablauf und den Zeitrahmen – vgl. hierzu Kap. 5.7 (Ankündigung mindestens zwei, drei Tage im Voraus).

Neben der organisatorischen Planung sollten Sie das Gespräch auch inhaltlich vorbereiten. Hierzu ist es sinnvoll, entsprechende Unterlagen (z. B. Dokumentation des letzten Mitarbeitergesprächs, Aufgaben- bzw. Rollenprofil des Mitarbeiters, durchgeführte Qualifizierungsmaßnahmen im Betrachtungszeitraum, „Buchführung" positiver wie auch kritischer Verhaltensweisen anhand konkreter Beispiele im Betrachtungszeitraum, Leitfaden für das Mitarbeitergespräch) verfügbar zu haben und im Vorfeld durchzusehen.

5.2   Die Gesprächsstrategie

Ganz gleich, ob Sie in eine Verhandlung mit einem Kunden oder Lieferanten oder in ein Mitarbeitergespräch mit Ihrem Mitarbeiter gehen: Sie benötigen eine klare Gesprächsstrategie. In der Gesprächsstrategie legen Sie fest, welche Ziele Sie verfolgen und wie Sie diese erreichen wollen. Ferner definieren Sie, welche Themen Sie ansprechen möchten und wie Sie das Gespräch aufbauen wollen. Die Beantwortung der folgenden Fragen kann Ihnen dabei helfen:

Festlegung der Ziele für den nächsten Beurteilungszeitraum
- Zu welchen Zielen/Leistungen haben Sie sich mit Ihrem Bereich verpflichtet?
- Welchen Beitrag kann der Mitarbeiter leisten, welche Aufgaben kann er aufgrund seiner Persönlichkeit/Qualifikation am effizientesten dabei erfüllen?
- Welche Ziele stellen für den Mitarbeiter eine Herausforderung dar, die im Hinblick auf seine persönliche und fachliche Weiterentwicklung sinnvoll sind?

Bewertung der Zielerreichung aus dem zurückliegenden Zeitraum
- Wie ist der Erreichungsgrad der gesteckten Ziele?
- Welche Einflussfaktoren sind zu berücksichtigen?

- Waren die Ziele eindeutig und für den Mitarbeiter klar formuliert oder gab es Verständnisprobleme?

Verhaltensbeurteilung des Mitarbeiters
- Wie hat sich der Mitarbeiter im vergangenen Betrachtungszeitraum verhalten?
- In welchen Bereichen zeigte er klare Stärken?
- In welchen Bereichen sind Schwächen vorhanden?
- In welchen Bereichen sind deutliche Verbesserungen/Verschlechterungen im Vergleich zum vorausgegangenen Betrachtungszeitraum feststellbar?
- Wie können Sie diese Einschätzung anhand von Fakten/Beispielen belegen?
- Welche Rückmeldungen kamen aus dem Umfeld Ihres Mitarbeiters bezüglich seines Verhaltens (Kunden, Kollegen, Mitarbeiter)?
- Wo hätten Sie sich ein anderes Verhalten seitens Ihres Mitarbeiters gewünscht?
- Wie zufrieden ist Ihr Mitarbeiter mit der von Ihnen geleisteten Unterstützung?
- Wo hätte er sich mehr Unterstützung bzw. ein anderes Verhalten von Ihnen gewünscht?

Entwicklungsmöglichkeiten
- Welches Potenzial besitzt der Mitarbeiter im Hinblick auf die Übernahme von mehr Verantwortung innerhalb/außerhalb Ihres Bereiches?
- Welche Pläne haben Sie mit dem Mitarbeiter?
- Welche Qualifizierungsmaßnahmen könnten dabei sinnvoll sein?
- Welche Funktion könnte der nächste Entwicklungsschritt sein?
- Was sind die Entwicklungsziele/Pläne Ihres Mitarbeiters?

Wenn Sie diese Fragen für sich beantwortet haben, geht es darum, die Vorgehensweise für das Gespräch festzulegen.

Ein möglicher „Fahrplan" könnte wie folgt aussehen
1. Einstimmung, „Warming up". Schaffung einer positive Gesprächsatmosphäre.
2. Rückmeldung des Mitarbeiters einholen, wie er den vergangenen Betrachtungszeitraum aus seiner Sicht bewertet.
3. Besprechung der Ziele aus dem vergangenen Betrachtungszeitraum und deren Erreichungsgrad. Was ist gut gelaufen? Wo besteht Verbesserungsbedarf?
4. Diskussion der Gründe, warum Ziele nicht voll erreicht wurden (Was war förderlich, was hat die Zielerreichung verhindert?). Wie wird die Zusammenarbeit gesehen?
5. Positive Verhaltensaspekte des Mitarbeiters aufzeigen.

6. Aus Ihrer Sicht kritisches Verhalten ansprechen und Stellungnahme des Mitarbeiters einholen.
7. Beurteilung durchsprechen.
8. Beispiele aufzeigen, anhand derer Ihre Einschätzung zustande kam bzw. belegt wird.
9. Handlungsalternativen/Erwartungen durchsprechen.
10. Rückmeldung des Mitarbeiters über Ihr Verhalten als Vorgesetzten einholen.
11. Blick nach vorne: Welche Ziele sollen für den kommenden Betrachtungszeitraum vereinbart werden?
12. Vereinbarung neuer Ziele.
13. Entwicklungswünsche seitens des Mitarbeiters erfragen.
14. Entwicklungsmöglichkeiten aus Ihrer Sicht als Führungskraft einbringen.
15. Ein gemeinsames Verständnis der Weiterentwicklung des Mitarbeiters abstimmen.
16. Maßnahmen vereinbaren, die im Hinblick auf die Zielerreichung und die weitere Entwicklung sinnvoll sind.
17. Wünsche des Mitarbeiters im Hinblick auf Ihr zukünftiges Verhalten als Vorgesetzter erfragen.
18. Gesprächsabschluss (Reflexion des Gesprächsverlaufs: Ist der Mitarbeiter zufrieden, wie er gesehen, behandelt wird? Was kann im Hinblick auf die Zusammenarbeit noch verbessert werden?).

5.3 Die Gauß'sche Normalverteilung

In der Regel haben Sie nicht nur einen Mitarbeiter. Das Spektrum der Leistungen innerhalb einer Gruppe unterliegt in der Regel der Gauß'schen Normalverteilung. Dies bedeutet, dass die überwiegende Zahl der Mitarbeiter im Mittelfeld liegt, einige rechts und links davon und ganz wenige an den Enden (Abb. 5.1).

Die Gauß'sche Normalverteilung verändert sich, wenn entweder der Vorgesetzte in seiner Arbeitsgruppe eine Auswahl der Unternehmensbesten oder Unternehmensschlechtesten hat, was in der Realität eher nicht vorkommen wird, oder wenn der Vorgesetzte Beurteilungsfehler macht. Ist die Kurve rechtslastig, dann handelt es sich um einen *nachsichtigen Beurteiler* (siehe Abb. 5.2). Er möchte seinen Mitarbeitern keine Steine in den Weg legen oder möchte jedem Ärger mit seinen Mitarbeitern wegen einer schlechteren Beurteilung aus dem Weg gehen. Dies führt letztlich aber zu einer Täuschung des Mitarbeiters, der ein

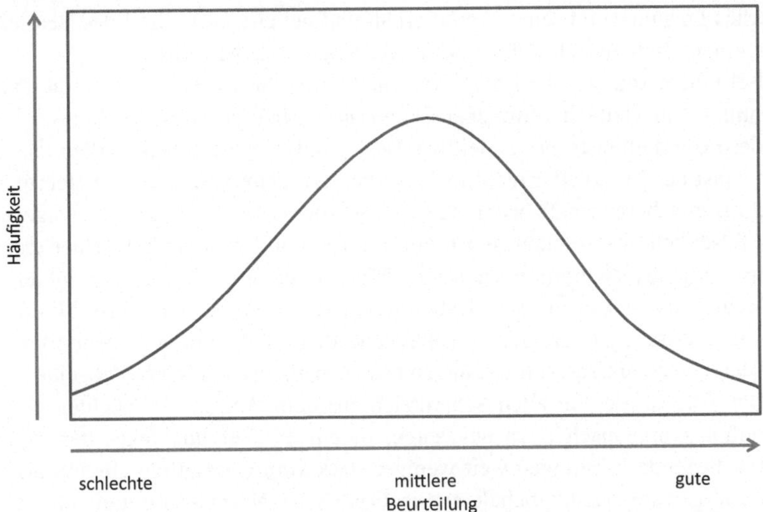

Abb. 5.1 Darstellung der Gauß'schen Normalverteilung bei der Mitarbeiterbeurteilung

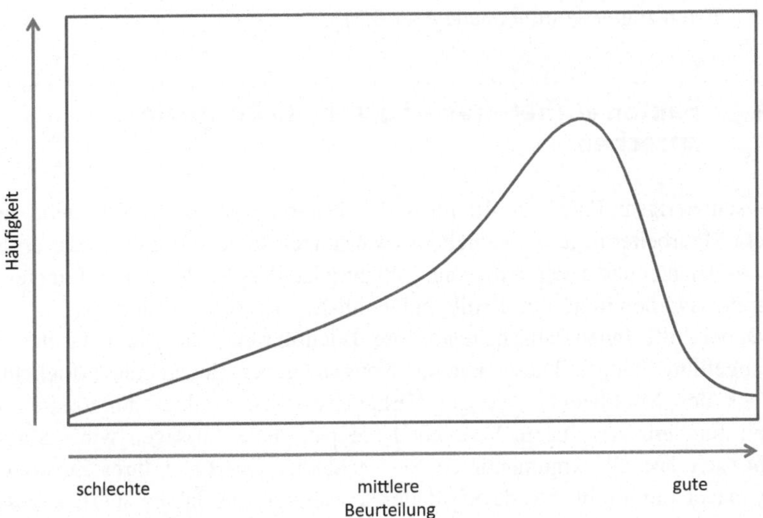

Abb. 5.2 Verschiebung bei nachsichtiger Beurteilung

falsches Leistungsbild seiner Arbeit erhält und bei einem Wechsel des Beurteilers oder einem Stellenwechsel herbe Enttäuschungen erleben wird.

Bei einem *strengen Beurteiler* verschiebt sich die Kurve genau in die andere Richtung. Ein vielfach vertretener Grundsatz ist bei dieser Beurteilungsart, dass mittlere Beurteilungen prinzipiell das Beste sind, was vergeben werden kann, da sich sonst der Mitarbeiter nicht mehr verbessern kann und eine gute Beurteilung die Leistungsbereitschaft beeinträchtigen würde. Oftmals nimmt der Vorgesetzte sich fälschlicherweise auch selbst zum Maßstab und baut anhand seiner eigenen Beurteilung die Beurteilungen seiner Mitarbeiter auf, die – so meint er – ja schlechter als er sein müssen. Dabei verkennt der Vorgesetzte, dass Mitarbeiter für die übertragenen Arbeiten entsprechend dem Stellenprofil zu beurteilen sind und daher auch andere Anforderungen bestehen als für den Beurteiler selbst.

Der Vorgesetzte, der allen Scherereien aus dem Weg gehen möchte, wird die Verteilungskurve nach oben ausweiten, indem er über und unter dem Durchschnitt liegende Leistungen weit weniger stark vom Gesamtfeld absetzt, als dies notwendig wäre. Damit behält er die Gauß'sche Normalverteilung im Schnitt bei, differenziert jedoch weniger. Dies geschieht nach dem Grundsatz: Ein mittelmäßig beurteilter guter Mitarbeiter wehrt sich gegen diese Beurteilung weniger als ein schlecht beurteilter schlechter Mitarbeiter. Alle Mitarbeiter erhalten vom Vorgesetzten fast eine „Einheitsbeurteilung", die Leistungsschwächeren zugute kommt (siehe Abb. 5.3).

5.4   Fakten aufbereiten – Lassen Sie Beispiele sprechen

Die schwierigste Phase im Rahmen des Mitarbeitergespräches besteht darin, einem Mitarbeiter negative Verhaltensbewertungen so zu vermitteln, dass er diese nachvollziehen und akzeptieren kann. Wichtig ist, dass Sie bereits im Rahmen der Gesprächsvorbereitung Ihre Kritikpunkte inhaltlich gut aufbereiten.

Dabei hilft Ihnen entscheidend Ihre Buchführung, die Sie über das Jahr durchgeführt haben. Diese kurzen Notizen geben Ihnen die Möglichkeit, seitens des Mitarbeiters gezeigte Verhaltensweisen konkret aufzuzeigen und damit fundiert zu belegen. Vermeiden Sie pauschale Aussagen wie: „Sie sind nicht zuverlässig!" Argumentieren Sie sachlich: „Der Grad Ihrer Zuverlässigkeit macht mir Probleme, da ich dadurch während des Jahres selbst zugesagte Termine nicht einhalten konnte. Erinnern Sie sich an die Aufbereitung der

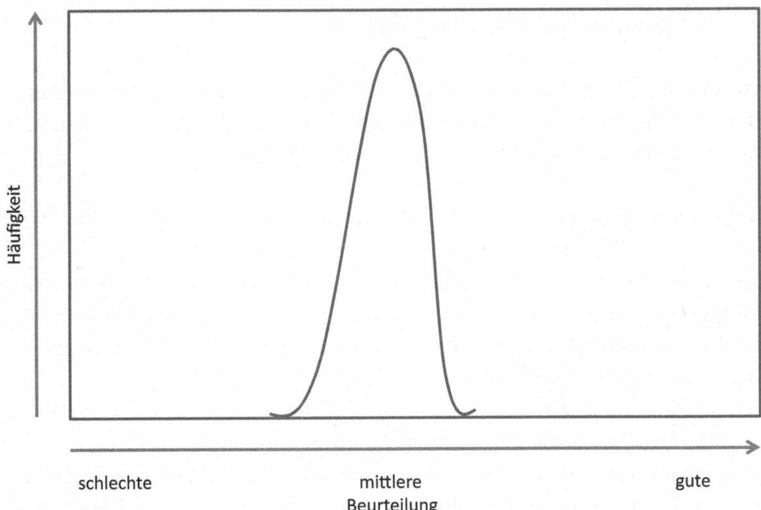

Abb. 5.3 Verdichtung der Normalverteilung aufgrund von Einheitsbeurteilungen

Geschäftsberichtszahlen? Da ich Ihr Zahlenmaterial erst drei Tage nach dem zugesagten Termin bekam, konnte der Geschäftsbericht nur mit Verspätung erstellt und versandt werden. Hier kamen negative Rückmeldungen der Aktionäre." „Ein zweites Beispiel sind die Ergebnisrechnungen für unsere Business Units. In der Geschäftsleiterbesprechung wurde vereinbart, dass die Daten immer am 3. des folgenden Monats vorliegen. Das war nur in den Monaten April, August und September der Fall. Ansonsten lieferten Sie die Berichte erst zwischen dem 7. und 10. des Folgemonats ab. Was können wir tun, damit im Hinblick auf die Termintreue eine positive Entwicklung erfolgt?"

Sehr hilfreich ist es, wenn Sie auch Äußerungen von Dritten (Kritik von Kunden, anderen Bereichen) vorweisen können, da dadurch Ihre Einschätzung von dritter Seite bestätigt wird. Bewahren Sie sich hierzu entsprechende Schreiben auf. Aber Vorsicht: Es sollte sich nur um Informationen handeln, die dem Mitarbeiter bereits während des Beurteilungszeitraums auch zur Kenntnis vorlagen. Schließlich geht es ja darum, anschaulich Sachverhalte zu beschreiben mit dem Ziel eine positive Verhaltensänderung zu ermöglichen und nicht den Mitarbeiter ins offene Messer laufen zu lassen.

5.5   Typische Beurteilungsfehler

Im Vorfeld des Mitarbeitergespräches ist es sinnvoll, sich Gedanken darüber zu machen, welche typischen Beurteilungsfehler sich häufig einschleichen können. Nachfolgend eine Auflistung von Gefahren bei der Beurteilung:

- Voreingenommenheit aufgrund von Sympathie oder Antipathie (Vermischung der Sach- und Beziehungsebene).
- Die Beurteilung wird nicht differenziert nach den einzelnen Beurteilungskriterien vorgenommen, sondern bestimmte Kriterien strahlen auf andere aus.
- Ein einmal gebildetes Urteil über einen Mitarbeiter wird nicht kritisch hinterfragt, sondern als „Vorurteil" mitgeschleppt.
- Aufgrund von Konkurrenzangst wird eine besonders harte Beurteilung der Leistung von „gefährlichen" Mitarbeitern vorgenommen.
- Beurteilung von vielen Mitarbeitern unter Zeitdruck. Durch diese Belastung steigert sich die Zahl der Fehleinschätzungen über das normale Maß hinaus.
- Übernahme von alten Beurteilungen aus Bequemlichkeit. Dadurch bleiben Veränderungen beim Mitarbeiterverhalten unberücksichtigt.
- Ältere Mitarbeiter werden bei gleicher oder sogar schlechterer Leistung besser beurteilt als junge Mitarbeiter. Erklärt wird dies aus der Steigerungsfähigkeit, die bei einem jungen Mitarbeiter noch gegeben sein muss, und der Scheu, ältere Mitarbeiter auch bei nachlassender Leistung schlechter zu beurteilen.
- Angst vor mutigen Entscheidungen, die eine Konfrontation und sachliche Auseinandersetzung mit dem Mitarbeiter nach sich ziehen würden. So wird auch eine deutliche Leistungsverschlechterung nicht in der Leistungsbeurteilung umgesetzt.

5.6   Tipps für die Beurteilung

Nachfolgend einige Tipps, die Ihnen bei der Beurteilung helfen sollen:

Checkliste Beurteilung
1. Eine objektive Beurteilung ist erst nach einer entsprechenden Einarbeitungszeit möglich. Geht es um die Bewertung von Arbeitsergebnissen, muss der Mitarbeiter mit den betrieblichen Verhältnissen vertraut sein und die gestellten Arbeitsaufgaben aufgrund einer vorangegangenen Einarbeitung beherrschen können.

2. Die Beurteilung muss unabhängig von aktuellen Stimmungslagen sein. Sollten Sie sich über den Mitarbeiter gerade ärgern, wird die Beurteilung nicht objektiv ausfallen und sollte verschoben werden.

3. Die Beurteilung ist kein persönliches Werturteil. Sie bezieht sich auf die in dem jeweiligen Beurteilungsbogen enthaltenen Merkmale, das entsprechende Verhalten und die Ergebnisse müssen von Ihnen im Betrachtungszeitraum beobachtet worden sein.

4. Die Beurteilung der Leistung darf nicht mit der Eingruppierung und Vergütung des Mitarbeiters verwechselt werden. Die Beurteilung erfolgt auf der Basis der Anforderungen an die Stelle des Mitarbeiters. Aufgrund mehrerer guter Beurteilungen kann eine Höhergruppierung auf derselben Stelle im Rahmen der zur Verfügung stehenden Bandbreiten gegebenenfalls ins Auge gefasst werden.

5. Jedes einzelne Leistungsmerkmal muss unabhängig von der Beurteilung des Mitarbeiters in anderen Merkmalen beurteilt werden. Für die Führungskraft besteht immer die Gefahr, Leistungen aus anderen Merkmalen gedanklich zu übertragen.

6. Einmalige Vorkommnisse, seien es Spitzenleistungen oder auch Flops, haften besonders im Gedächtnis, sollten aber nicht für die Beurteilung bestimmend sein. Für die richtige Beurteilung ist die Leistung im gesamten Betrachtungszeitraum maßgebend.

7. Die Leistungen der Mitarbeiter in einem Bereich unterliegen der Gauß'schen Normalverteilung. Daher ist es unwahrscheinlich, dass bei zehn Mitarbeitern das Leistungsverhalten in allen Beurteilungsmerkmalen gleich ist. Bei objektiver Leistungsbeurteilung stellen sich Leistungsunterschiede heraus. Deshalb sollte man bei der Beurteilung einer größeren Gruppe zunächst einige Mitarbeiter beurteilen, die als durchschnittlich eingestuft werden, sowie Spitzenkräfte und Leistungsschwache. Damit ist das gesamte Leistungsspektrum der Gruppe abgesteckt. Die übrigen Mitarbeiter lassen sich dann anhand des Quervergleichs leichter beurteilen.

8. Pro Beurteilungsmerkmal sollte ein Quervergleich der Mitarbeiter durchgeführt werden, um die Relationen der Beurteilung zu überprüfen.

9. Der Mitarbeiter muss mit Beginn des Beurteilungszeitraums die Kriterien, nach denen beurteilt wird, und damit die Erwartungshaltung kennen.

10. Die Beurteilung sollte mit dem Mitarbeiter gemeinsam anhand von Beispielen durchgesprochen werden. Dies ist wichtig für den Mitarbeiter, um seine zukünftige Arbeits- und Verhaltensweise entsprechend beibehalten bzw. verändern zu können.

Das Mitarbeitergespräch sollte nicht als einseitige Übermittlung der Beurteilung verstanden werden. Geben Sie dem Mitarbeiter genügend Raum, um auch seine Sichtweise darzulegen. Achten Sie darauf, dass auch seitens des Mitarbeiters keine pauschalen Aussagen gemacht werden, sondern auf konkrete Sachverhalte eingegangen wird.

5.7   Briefing des Mitarbeiters

Sie haben sich über den Ablauf und die Vorgehensweise des Mitarbeitergespräches Gedanken gemacht. Damit das Gespräch Ihre Erwartungen erfüllen kann, ist es notwendig, dass Sie Ihrem Mitarbeiter im Vorfeld einige Informationen zukommen lassen (siehe Abb. 5.4).

Setting
Hierunter sind der Gesprächstermin, der Zeitrahmen und der Ort zu verstehen.

Zielsetzung
Sagen Sie Ihrem Mitarbeiter, welche Ziele Sie mit dem Gespräch verknüpfen. Beispielsweise: gemeinsamer Rückblick auf den Betrachtungszeitraum, herausragende Ereignisse, gemeinsames Verständnis über die gezeigten Leistungen im Betrachtungszeitraum erzielen, Zielerreichungsgrad feststellen, neue Ziele vereinbaren, Herausforderungen der Zukunft abgeleitet aus der Unternehmensstrategie besprechen, Entwicklungsmöglichkeiten und Qualifizierungsbedarf des Mitarbeiters in der Zukunft identifizieren.

Ablauf
Informieren Sie Ihren Mitarbeiter, wie Sie sich den Ablauf des Gespräches vorstellen. Dialog statt Monolog, zunächst über den vergangenen

Abb. 5.4 Briefing des Mitarbeiters

Leistungsbeurteilung
Beurteilung – Angestellte

PHŒNIX CONTACT

Name, Vorname _________________________   Abtlg./Pers-Nr. _________________________

Gesprächsdatum _________________________   Vorgesetzte/r _________________________

Beurteilungsmerkmale	Leistungsstufen						
	I	II	III	IV	V	VI	VII
	0 Punkte	4 Punkte	8 Punkte	12 Punkte	16 Punkte	20 Punkte	24 Punkte
1. Arbeitsintensität/Effektivität							
2. Umsetzung und Entwicklung der fachlichen und persönlichen Fähigkeiten							
3. Zusammenarbeit/ Teamfähigkeit ggfs. Führungsverhalten							
4. Selbstständigkeit							

Gesamtpunkte: Punkte /12   **% Leistungszulage**

Bemerkungen

____
____
____
____
____
____
____
____
____

13.07.20

Abb. 5.5 Leistungsbeurteilungsbogen

Abb. 5.5 (Fortsetzung)

Vorbereitung auf das Beurteilungsgespräch für Mitarbeiter

Welche Verbesserungsvorschläge haben Sie, um den Arbeitsablauf, das Leistungsklima und die Zusammenarbeit zu optimieren?

Welche Ihrer Fähigkeiten konnten Sie voll, welche nur bedingt einsetzen?

Wie beurteilen Sie den Grad Ihrer Zielbeurteilung im vergangenen Beurteilungszeitraum?

Welche Ziele sollten für den kommenden Beurteilungszeitraum vereinbart werden?

Für welche andere Tätigkeit meinen Sie ebenfalls oder besser geeignet zu sein?

Was könnten Sie oder das Unternehmen für Ihre berufliche Weiterbildung tun?

Was ist in dieser Hinsicht seit dem letzten Beurteilungsgespräch geschehen?

Welche Erwartungen und Vorstellungen haben Sie hinsichtlich Ihrer längerfristigen beruflichen Entwicklung?

Was möchten Sie darüber hinaus noch besprechen?

Das Beurteilungsgespräch findet statt am ____________ um   Uhr im

Raum: Zeitrahmen: 90 Minuten

Unterschrift der Führungskraft____________________

Abb. 5.6 Musterformular Voerbereitung auf das Mitarbeitergespräch für Mitarbeiter

Beurteilungszeitraum sprechen, dann der Blick in die Zukunft. Hierzu zählt auch, dass Sie ihm ein Muster des Beurteilungsbogens zukommen lassen, sofern er das erste Mal beurteilt wird oder sich das Beurteilungsformular geändert hat. Abb. 5.5 zeigt beispielhaft ein Formular für eine Leistungsbeurteilung.

Erwartungen

Sagen Sie Ihrem Mitarbeiter, welche Erwartungen Sie an das Gespräch haben. Dies kann beispielsweise sein, dass Sie von Ihrem Mitarbeiter eigene Vorschläge im Hinblick auf neue Ziele möchten, aber auch seine Vorstellungen über Entwicklungsmöglichkeiten und Qualifizierungsbedarf.

Indem Sie dieses Briefing Ihrem Mitarbeiter geben, nehmen Sie ihn gleichzeitig in die Pflicht, sich selbst auch auf das Gespräch vorzubereiten. Dies wird den Output positiv beeinflussen. In Abb. 5.6 finden Sie ein Muster für ein Formular, das Sie dem Mitarbeiter im Vorfeld des Gespräches geben können.

Das Führen von Mitarbeitergesprächen 6

So wenig, wie man von „dem Vorstellungsgespräch" reden kann, gibt es auch nicht „das Mitarbeitergespräch". Es hängt sehr stark von der jeweiligen Unternehmenskultur und ganz besonders von Ihrem Stil als Führungskraft ab, wie das Mitarbeitergespräch angelegt sein wird. Dennoch gibt es einige Gesprächsgrundsätze, typische Gesprächsphasen und Gesprächstechniken, die Ihnen bei der Durchführung eines Mitarbeitergespräches hilfreich sein können. Bei all diesen Instrumenten sollten Sie jedoch Ihren persönlichen Stil finden und Standards nicht unreflektiert übernehmen, die zu Ihnen einfach nicht passen.

6.1   Gesprächsgrundsätze

In der Regel kennen Sie und der zu beurteilende Mitarbeiter sich schon einige Zeit, und es gibt eine Reihe von „Erfahrungswerten" im Hinblick auf das Verhalten des anderen, die Sie von sich gegenseitig besitzen. Diese Beziehung hat natürlich Einfluss auch auf das Mitarbeitergespräch und die Grundeinstellung, mit der jeder in das Gespräch geht. Besteht bereits ein vertrauensvolles Verhältnis, ist es relativ einfach, ein konstruktives Mitarbeitergespräch zu führen. Ist die Beziehung schlecht, können Sie nicht erwarten, durch ein Mitarbeitergespräch Monate und Jahre der Spannung einfach wegwischen zu können. Hier bedarf es der Zeit und der Kontinuität, um aus Misstrauen Vertrauen zu schaffen. Dennoch kann gerade das Mitarbeitergespräch ein guter Zeitpunkt sein, um hier einen Kurswechsel zu bewirken. Abb. 6.1 zeigt einige wesentliche Gesprächsgrundsätze.

© Springer Fachmedien Wiesbaden GmbH, ein Teil von Springer Nature 2020   33
D. Brenner, *Mitarbeitergespräche souverän führen,* essentials,
https://doi.org/10.1007/978-3-658-31358-6_6

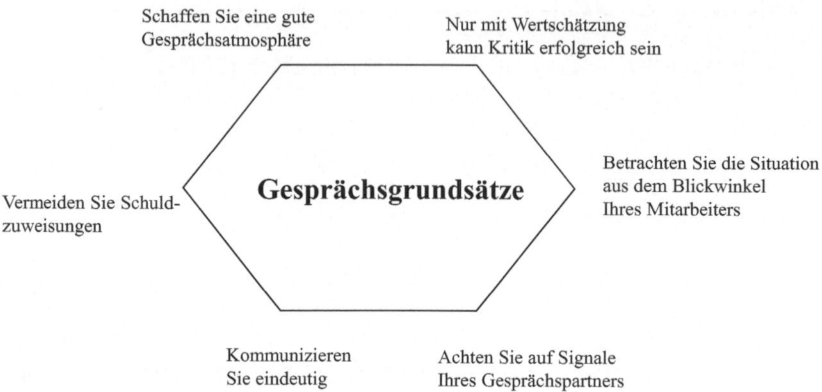

Abb. 6.1 Gesprächsgrundsätze

Schaffen Sie eine gute Gesprächsatmosphäre
Fallen Sie nicht mit der Tür ins Haus, sondern nehmen Sie sich die Zeit, um mit dem Mitarbeiter ins Gespräch zu kommen. Führen Sie das Mitarbeitergespräch nicht in Form eines Monologs oder eines Verhörs, sondern als partnerschaftlichen Dialog, bei dem beide Seiten ihre Eindrücke wiedergeben können. Behalten Sie auch während des Gespräches die Atmosphäre, in der das Gespräch verläuft, im Auge und korrigieren Sie bewusst, wenn es zum emotionalen Streitgespräch wird. Dann kann es durchaus sinnvoll sein, das Gespräch zu vertagen und es fortzuführen, wenn sich die Gemüter wieder beruhigt haben.

Nur mit Wertschätzung kann Kritik erfolgreich sein
Natürlich hört jeder Mensch lieber ein Lob als Kritik. Wie kommt es aber, dass wir kritische Bemerkungen sehr unterschiedlich aufnehmen, je nachdem, von wem sie kommen? Der Schlüssel liegt hierbei in der Beziehungsebene. Von Menschen, denen wir vertrauen, von denen wir wissen, dass sie es gut mit uns meinen und uns Wertschätzung entgegenbringen, sind wir viel eher bereit, Kritikpunkte anzunehmen, als von Personen, mit denen wir uns nicht so gut verstehen. Damit Sie als Führungskraft auch kritische Themen mit Ihrem Mitarbeiter ansprechen können, ohne auf massive Ablehnung zu stoßen, sollten Sie ihm das Gefühl der Wertschätzung entgegenbringen. Trennen Sie das Verhalten einer Person von der Person an sich. Wertschätzung heißt, zu akzeptieren, wie jemand ist. Dies heißt nicht, jede Verhaltensweise zu akzeptieren und positiv zu bewerten. Im Gespräch sollten Sie zunächst auch positive Aspekte seines Verhaltens

aufzeigen und erst dann kritische Punkte ansprechen. Konstruktive Kritik will helfen und nicht „niedermachen". Zeigen Sie Ihrem Mitarbeiter, dass Ihnen daran liegt, dass er sich verbessert und damit sich selbst positiv weiterentwickelt.

Betrachten Sie die Situation aus dem Blickwinkel Ihres Mitarbeiters

„Jeder hat aus seiner Sicht immer recht." Dieser Spruch macht deutlich, dass sich Situationen aus verschiedenen Blickwinkeln recht unterschiedlich darstellen. Lassen Sie sich die Situation aus der Sicht des Mitarbeiters schildern. Vielleicht haben Sie bestimmte Rahmenbedingungen und Aspekte außer Acht gelassen? Vielleicht sind Sie von einer völlig anderen Ausgangsituation ausgegangen? Vielleicht haben auch Sie unbewusst Fehler gemacht? Wirkliche Führungsstärke besteht darin, auch selbstkritisch zu sein und das eigene Handeln infrage zu stellen. Aus jedem Mitarbeitergespräch sollten Sie selbst auch mit neuen Erkenntnissen und einem Lerneffekt herausgehen.

Achten Sie auf Signale Ihres Gesprächspartners

Gehen Sie zwar gut vorbereitet in ein Mitarbeitergespräch, vermeiden Sie jedoch, einen vorgefertigten strengen Leitfaden zu verfolgen, ohne das Verhalten des Mitarbeiters dabei zu berücksichtigen. Dies hat viel mit Einfühlungsvermögen, guter Beobachtungsgabe und auch Sicherheit zu tun. Wenn Sie selbst nervös sind und sich in der Gesprächssituation unsicher fühlen, werden Sie nicht in der Lage sein, sich voll auf Ihren Gesprächspartner zu konzentrieren. Wichtige Signale, sei es durch das gesprochene Wort, viel häufiger aber über Gestik, Mimik und Intonation, bleiben Ihnen dann verborgen, und Sie können nicht darauf eingehen. Ist Ihr Mitarbeiter gedanklich bei Ihnen? Hat er verstanden und akzeptiert, was Sie gesagt haben? Indem Sie den Mitarbeiter bitten, mit eigenen Worten nochmals wiederzugeben, was bei ihm als Information angekommen ist, können Sie einen „Verständnis-Check" durchführen,

Achten Sie auf die Körpersprache Ihres Mitarbeiters und seien Sie sich auch bewusst, welche nonverbalen Signale Sie dem Mitarbeiter gegenüber aussenden. Wenn Sie bei seinen Erläuterungen gelangweilt an die Decke blicken, drückt dies Desinteresse und mangelnde Aufmerksamkeit aus. Die Aussage des Kommunikationswissenschaftlers Paul Watzlawick „man kann nicht nicht kommunizieren" macht deutlich, dass, egal ob Sie etwas tun oder auch nicht tun, dies immer eine Form der Kommunikation ist.

Kommunizieren Sie eindeutig

Viele Probleme zwischen Menschen basieren auf Missverständnissen. Diese können auf einer unterschiedlichen kulturellen Sozialisation, dem Alter, dem

Geschlecht oder dem fachlichen Hintergrund beruhen, um nur einige Faktoren zu benennen. Beugen Sie vor, indem Sie eindeutig kommunizieren und keine Interpretationsspielräume lassen. „Wir sollten mal analysieren, wie sich die Kosten in der Vergangenheit entwickelt haben." Diese Aussage lässt vieles offen und birgt die Gefahr in sich, dass jeder der Beteiligten etwas anderes darunter versteht. Wenn Sie möchten, dass Ihr Mitarbeiter hier tätig wird, sagen Sie ihm konkret, dass Sie ihn bitten, die Zahlen innerhalb des letzten Jahres zu analysieren und Ihnen die Ausarbeitung bis zu einem bestimmten Termin vorzulegen.

Dies gilt in gleicher Weise auch für die Beurteilung von Verhalten. Wenn Sie mit dem Verhalten Ihres Mitarbeiters nicht zufrieden waren, sagen Sie es ihm. Begründen Sie Ihre Haltung, zeigen Sie auf, welche negativen Auswirkungen sein Verhalten mit sich brachte, und sagen Sie klar, welche Erwartungen Sie für die Zukunft haben. Sicherlich sollten Sie bei der Kommunikation auch die jeweilige Persönlichkeit Ihrer Mitarbeiter berücksichtigen. Einem sensiblen Menschen, der darüber hinaus noch ein hohes Maß an Selbstzweifeln besitzt, gilt es einfühlsamer gegenüber zu kommunizieren, als einem Mitarbeiter, der eher zu Selbstüberschätzung neigt und Kritik eher nicht so ernst nimmt.

In jedem Fall ist es wichtig, dass Ihre Kernaussage vom Mitarbeiter auch verstanden wird. Es wäre nicht das erste Mal, dass Arbeitsverhältnisse in der Probezeit beendet werden und dem Mitarbeiter nie klar gesagt wurde, was die Ursache für die negative Einschätzung seines Verhaltens war.

Vermeiden Sie Schuldzuweisungen

Hand auf's Herz: Schalten Sie nicht auch auf stur, wenn man Ihnen Vorwürfe macht oder Sie persönlich angeht, indem pauschale Aussagen wie: „Sie bemühen sich ja nie" oder „Sie kommen immer zu spät" gemacht werden? Auch bei Ihrem Mitarbeiter ist die Gefahr groß, dass er auf „Durchzug" schaltet und für nichts mehr zugänglich ist, wenn Sie mit pauschalen Schuldzuweisungen kommen oder ihn persönlich angreifen.

Anstelle der Formulierung: „Sie sind schuld, dass das Projekt schief lief" wählen Sie besser eine sogenannte Ich-Botschaft: „Es hat mich geärgert, dass das Projekt scheiterte und wir damit einen wichtigen Kunden an den Wettbewerb verloren haben." In beiden Aussagen wird das gleiche Problem angesprochen. Mit der ersten Formulierung „Sie sind schuld" ist ein direkter Angriff verbunden, während Sie im zweiten Fall Ihr eigenes Empfinden angesprochen haben. Wichtig ist in jedem Fall, dass Sie nicht in der Vergangenheit verbleiben, sondern den Blick nach vorne richten, indem Sie die Frage stellen: „Was können wir tun, damit dies in Zukunft nicht mehr passiert?"

Vermeiden Sie in jedem Fall Ironie, Sarkasmus und Pauschalisierungen. Diese verschlechtern nur die Gesprächsatmosphäre.

6.2   Gesprächsphasen

Wie bereits angesprochen, gibt es sicherlich nicht ein stereotypes Schema für ein Mitarbeitergespräch. Hier sollte durchaus eine gewisse Offenheit herrschen, nicht zuletzt, um zu vermeiden, dass das gesamte Gesprächsprozedere auf den Mitarbeiter den Eindruck einer „Standardabwicklung" macht. Dennoch sind in der Praxis die in Abb. 6.2 aufgeführten drei Gesprächsphasen praktisch in jedem Mitarbeitergespräch wiederzufinden.

„Warming up" und Einstiegsphase
Wir hatten bereits im Rahmen der Vorbereitung die Bedeutung der Gesprächsatmosphäre angesprochen. Auch wenn Sie unter Zeitdruck stehen, ist es für den Gesprächserfolg wichtig, entspannt das Gespräch zu beginnen und hier nicht im Eiltempo die Sachthemen abzuwickeln. Wie im Motorsport gilt auch im Mitarbeitergespräch: Das „Warming up" ist notwendig, um auf „Betriebstemperatur" zu kommen. Beginnen Sie das Gespräch, indem Sie zunächst Themen

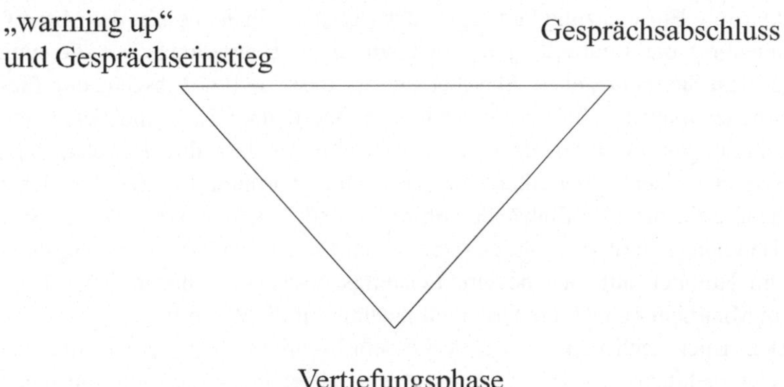

Abb. 6.2 Gesprächsphasen

ansprechen, die nicht direkt mit der Leistungsbeurteilung und der Tätigkeit des Mitarbeiters zu tun haben. Fragen Sie den Mitarbeiter, wie es ihm geht, was die Familie macht. Vielleicht kommt er erst von einer interessanten Urlaubsreise oder er hat ein neues Auto gekauft. Sprechen Sie ihn darauf an. Zeigen Sie ihm, dass sie ihn als Mensch und nicht nur als Mitarbeiter sehen und sich für das, was ihn beschäftigt, auch interessieren. Bieten Sie Ihrem Mitarbeiter etwas zu trinken an.

Setzen Sie ruhig fünf bis zehn Minuten für die „Warming-up"- Phase an.

Die Einstiegsphase ist dadurch gekennzeichnet, dass Sie zunächst die allgemeine Arbeitssituation des Mitarbeiters ansprechen. Dies bedeutet, dass Sie dem Mitarbeiter Gelegenheit geben sollten, aus seiner Sicht seine Arbeit und die Arbeitsbedingungen kurz zu beschreiben. Bringen Sie Ihre Sichtweise der Dinge mit ein, sodass sich ein Dialog ergibt, bei dem Sie schwerpunktmäßig durch das Stellen von Fragen führen.

Für die Einstiegsphase sollten Sie rund 15 Minuten ansetzen.

Vertiefungsphase

Sie stellt den Kern des Mitarbeitergespräches dar. Hier sollten Sie die Ihnen wichtigen Inhalte ansprechen und diskutieren. Ihre über das Jahr gesammelten Eindrücke stellen eine gute Basis für das Mitarbeitergespräch dar. Wenn es um die Zielerreichung und konkrete Leistungsbeurteilung auf der Basis eines Beurteilungssystems geht, sollten Sie Feilschen oder faule Kompromisse vermeiden. Hier zahlt es sich aus, wenn die Ziele smart definiert wurden (vgl. Abschn. 4.2) und damit wenig Spielraum bei der Zielerreichung besteht. Hat Ihr Mitarbeiter das Gefühl, dass er mit Ihnen handeln kann, werden Sie auch in der Zukunft gedrängt werden, Ihre Bewertung nach oben hin zu korrigieren. Sagen Sie klar Ihre Einschätzung und begründen Sie diese. Es ist besser, der Mitarbeiter kommentiert die Beurteilung als sich auf einen Beurteilungswert zu einigen, hinter dem Sie nicht stehen. Entscheidend ist, dass Sie Ihre Einschätzung für den Mitarbeiter plausibel belegen können. Die Beurteilung ist schließlich kein allgemeingültiges Werturteil über den Mitarbeiter, sondern Ihre Einschätzung auf der Grundlage seines Verhaltens im Betrachtungszeitraum. Nehmen Sie sich ausreichend Zeit, um hier Einwände aufgreifen und diskutieren zu können. Spielen Sie Handlungsalternativen durch oder zeigen Sie auf, welche Erwartungshaltung Sie im Hinblick auf eine bessere Leistungseinschätzung haben. So geben Sie Ihrem Mitarbeiter eine klare Orientierungslinie für die Zukunft.

Dem Blick nach vorne, bei dem Sie dem Mitarbeiter die weitere Ausrichtung der Unternehmensziele erläutern und daraus abgeleitet seine Ziele mit ihm vereinbaren, sollte Sie einen breiten Raum geben. Hierzu zählt auch, mit dem

Mitarbeiter seine weitere berufliche Ausrichtung zu besprechen und geeignete Maßnahmen zu definieren.

Die Vertiefungsphase eines Mitarbeitergespräches sollte mindestens eine Stunde dauern.

Gesprächsabschluss
Am Ende des Gespräches sollten Sie konkret vereinbaren, wie die weitere Vorgehensweise geplant ist. Fixieren Sie schriftlich, wer bis wann was tun wird. Nur so erreichen Sie die notwendige Verbindlichkeit im Hinblick auf die Umsetzung. Machen Sie lieber keine Zusagen und Versprechungen als solche, die Sie nicht einhalten können. Wenn es ein konstruktives Gespräch war, bedanken Sie sich dafür und sagen Sie, was Ihnen gut gefallen hat. Hat Ihnen die Haltung des Mitarbeiters in einigen Punkten nicht gefallen, so sprechen Sie dies auch offen an und überlegen Sie gemeinsam, worin dies begründet sein kann. Auch der Mitarbeiter sollte Gelegenheit erhalten, sich zum Gespräch selbst zu äußern. Dies kann wichtige Hinweise und Anregungen für die Planung zukünftiger Gespräche geben. Versuchen Sie in jedem Fall, mit einem positiven Blick nach vorne aus dem Gespräch zu gehen. Dies kann im Extremfall auch bedeuten, dass Sie sich einig darüber sind, dass sie zu einzelnen Fragen unterschiedliche Auffassungen vertreten und diesbezüglich weiterhin den Dialog suchen. Dennoch muss am Ende des Gespräches klar sein, welche Vereinbarungen getroffen wurden und wie die weitere Vorgehensweise ist.

6.3   Mitarbeitergespräche sind keine Einbahnstraße

Nutzen Sie die Chance, die Ihnen als Führungskraft das Mitarbeitergespräch bietet. Das Mitarbeitergespräch sollte auch dazu dienen, dass der Mitarbeiter seine Eindrücke und Einschätzungen Ihnen gegenüber äußern kann. Ihr Mitarbeiter kann Ihnen wichtige Hinweise geben, was ihn in seinem Leistungsverhalten unterstützt oder hemmt. Schließlich ist es Ihre Aufgabe als Führungskraft, die Rahmenbedingen zu schaffen, die es Ihrem Mitarbeiter ermöglichen, seine volle Leistung zu erbringen. Ermutigen Sie ihn auch, kritische Anmerkungen zu machen. Mitarbeiter scheuen sich häufig aus Angst vor Sanktionen, diesbezügliche Äußerungen zu machen. Geben Sie Ihrem Mitarbeiter das Gefühl, dass Feedback willkommen ist. Sicherlich lässt sich ein vertrauensvoller, offener Dialog nicht verordnen. Es muss sich auch über das ganze Jahr hinweg ein Vertrauensverhältnis entwickelt haben, damit beide Seiten dazu fähig sind.

Fordern Sie Ihren Mitarbeiter nicht nur dazu auf, Kritik zu üben, sondern ermutigen Sie ihn auch, konstruktive Vorschläge über alternative Vorgehensweisen zu machen und Eigenverantwortung zu übernehmen. Die notwendigen Voraussetzungen hierfür sind Vertrauen und Freiräume. Diesen Rahmen zu schaffen stellt eine zentrale Aufgabe von Ihnen als Führungskraft dar. Oft stecken ungeahnte Potenziale in Ihren Mitarbeitern, die diese nur in ihrer Freizeit oder in ehrenamtlichen Tätigkeiten auch ausleben, weil sie sich im Job eingeengt und reglementiert fühlen. Schaffen Sie Raum für Innovationen und Vorschläge seitens der Mitarbeiter und geben Sie ihnen das Gefühl, dass sie ernst genommen werden und ihre Ideen auch in die Praxis umgesetzt werden. Zumindest sollte es nachvollziehbare Erklärungen geben, warum ein Verbesserungsvorschlag nicht aufgegriffen werden konnte.

Aber nicht nur für das Arbeitsgebiet, sondern auch für seine eigene Weiterentwicklung sollte der Mitarbeiter Mitverantwortung übernehmen. Die Zeiten sind lange vorbei, in denen sich Mitarbeiter zurücklehnen konnten nach dem Motto: „Mein Chef wird mich schon auf die Schulungen schicken, die ich brauche." Sensibilisieren Sie Ihre Mitarbeiter dafür, dass sie für ihre Qualifikation selbst Verantwortung tragen und diese als ihr wichtigstes „Kapital" ansehen. Das einmal Gelernte reicht heute nicht mehr aus, um den sich ständig verändernden Anforderungen auch in der Zukunft noch gerecht werden zu können. Eine kontinuierliche Weiterbildung und die Bereitschaft, sich auf Veränderungen einzulassen, ist eine wesentliche Grundlage für die Beschäftigungsfähigkeit (Employability) am Arbeitsmarkt.

6.4   Konflikte in den Griff bekommen

Hier möchten wir Ihnen ein paar Tipps geben und Techniken vorstellen, die Ihnen helfen sollen, das Konfliktpotenzial im Gespräch möglichst gering zu halten und tragbare Lösungen zu finden.

- **Sprechen Sie zunächst Themen an, die unproblematisch sind.** Schaffen Sie ein positives Gesprächsklima, indem Sie zunächst unstrittige Punkte besprechen. Wie in jeder Verhandlung, so ist es auch im Mitarbeitergespräch dienlich, möglichst viele Themen einvernehmlich abschließen zu können. Gehen Sie erst dann auf kritische Punkte ein.
- **Bleiben Sie sachlich.** Lassen Sie sich selbst durch provokative Bemerkungen Ihres Mitarbeiters nicht dazu verleiten, selbst unsachlich oder persönlich zu werden. Sprechen Sie die Situation am besten offen an: „Ich bin der Meinung,

dass wir mit dieser Art der Diskussion nicht weiterkommen. Können Sie das angesprochene Problem nochmals konkretisieren und anhand eines Beispiels veranschaulichen?".

- **Lassen Sie den anderen ausreden, hören Sie ihm zu und gehen Sie auf seine Argumente ein.** Dieser Hinweis mag für Sie vielleicht trivial klingen, in der Praxis ist dies aber die häufigste Ursache für den negativen Verlauf von Gesprächen. Jeder ist so mit seiner Sichtweise, seinen Gedankengängen und seinem Bedürfnis, selbst zu reden beschäftigt, dass der Gesprächspartner häufig nicht die notwendige Aufmerksamkeit und Wertschätzung erhält und damit wichtige Informationen untergehen. Aktives Zuhören ist ein wesentlicher Schlüssel für erfolgreiche Kommunikation.

- **Argumentieren Sie mit Blick auf den Nutzen Ihres Gesprächspartners.** Finden Sie Argumente, warum Ihre Sichtweise bzw. Vorgehensweise Ihrem Mitarbeiter nützt und ihn auf dem Weg zu seinen Zielen voranbringt. Je mehr Sie über die Beweggründe und Bedürfnisse Ihres Mitarbeiters wissen, umso leichter wird Ihnen die Argumentation fallen. Überzeugung findet immer auf zwei Ebenen statt: der Sachebene und der emotionalen Ebene. Auf der Sachebene geht es um für jeden nachvollziehbare Fakten. Die Aussicht auf ein um 500 € höheres Gehalt zählt sicherlich zu den Argumenten auf der Sachebene. Auf der emotionalen Ebene spielen die Persönlichkeit und die individuellen Neigungen und Bedürfnisse Ihres Gesprächspartners eine wichtige Rolle. Die Möglichkeit, als Unternehmensvertreter in einen internationalen Arbeitskreis entsandt zu werden, wird von verschiedenen Mitarbeitern vermutlich sehr unterschiedlich eingeschätzt. Für den einen ist es die Chance, sich profilieren zu können und Aufmerksamkeit zu erhalten, für den anderen bedeutet dies ungeliebte Reisetätigkeit und mehr Arbeit.

- **Lassen Sie Ihren Mitarbeiter selbst Vorschläge machen, wie ein Problem gelöst werden kann.** Indem Ihr Mitarbeiter selbst Lösungsalternativen vorschlägt, binden Sie ihn aktiv in den Prozess ein. Wie bei den Zielen gilt auch hier: Lösungsansätze, die man selbst vorschlägt, wird man mit mehr Engagement umsetzen als Vorgehensweisen, die einem „aufs Auge gedrückt werden."

- **Geben Sie Rückzugsmöglichkeiten ohne Gesichtsverlust.** Niemand geht gerne als Verlierer aus einem Gespräch. Zeigen Sie Ihrem Mitarbeiter Wege auf, die ihn aus einer vermeintlichen Sackgasse wieder herausführen können.

In Abb. 6.3 sind die wichtigsten Grundsätze, um Konflikte in den Griff zu bekommen, nochmals zusammengefasst.

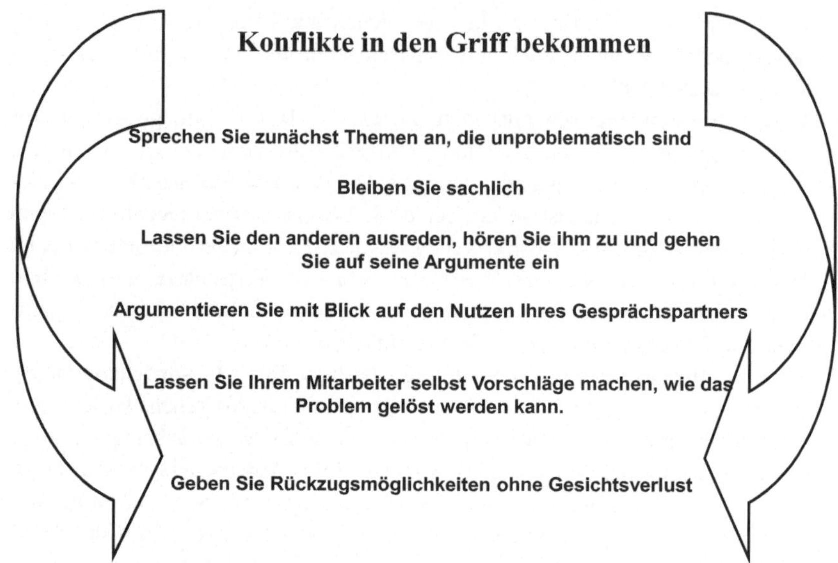

Abb. 6.3 Konflikte in den Griff bekommen

6.5   Rhetorische Hilfsmittel und Fragetechniken

Um Ihre Ziele im Rahmen des Mitarbeitergespräches erreichen zu können, sollten Sie ein wenig in der Werkzeugkiste der rhetorischen Hilfsmittel stöbern. Diese helfen Ihnen, das Gespräch geschickt zu lenken und die gewünschten Informationen zu erhalten.

Offene Fragen

Eine offene Frage ist dadurch gekennzeichnet, dass sie sich nicht mit „ja" oder „nein" beantworten lässt. Beispiele für offene Fragen:

- Worauf führen Sie den erfolgreichen Verlauf des Projektes zurück?
- Wie können Sie Ihre Arbeitsmenge steigern?
- Worin sehen Sie die Ursache für die immer wieder vorhandenen Spannungen mit der Entwicklungsabteilung?

Offene Fragen, werden auch „W-Fragen" genannt, da Sie mit den Fragewörtern wie, warum, weshalb, wozu, … beginnen.

Offene Fragen sind dann sinnvoll, wenn Sie mehr über einen Sachverhalt erfahren wollen und Ihr Mitarbeiter Entscheidungen oder Verhaltensweisen begründen soll. Er ist damit aufgefordert, Zusammenhänge zu erläutern und Sachverhalte zu erklären. Er liefert wichtige Informationen und gibt Ihnen die Möglichkeit, Hintergründe zu bestimmten Fakten zu erfahren und Beweggründe zu verstehen. Offene Fragen erhöhen den Gesprächsfluss und den Redeanteil des Gesprächspartners.

Geschlossene Fragen

Bei geschlossenen Fragen handelt es sich im Gegensatz dazu um Fragen, die kurz und prägnant mit „ja" oder „nein" oder einem Faktum beantwortet werden können. Beispiele für geschlossene Fragen:

- Sind Sie mobil?
- Trauen Sie sich eine Führungsaufgabe zu?
- Können Sie sich eine Projekttätigkeit vorstellen?

Geschlossene Fragen sollten Sie immer dann stellen, wenn Ihr Mitarbeiter einen Sachverhalt auf den Punkt bringen und sich zu etwas bekennen soll. Geschlossene Fragen haben häufig einen Entscheidungscharakter, sie fordern den Gesprächspartner auf, nicht um den heißen Brei zu reden, sondern Farbe zu bekennen.

Je nach Intention und Gesprächssituation ist es ratsam, ganz bewusst geschlossene oder offene Fragen einzusetzen.

Wiederholung

Geben Sie das Gesagte Ihres Mitarbeiters nochmals mit eigenen Worten wieder, um sicherzustellen, dass Sie ihn auch richtig verstanden haben. Dies vermittelt ferner den Eindruck, dass Sie aktiv zugehört haben und wirklich bemüht sind, die Sichtweise des Mitarbeiters zu verstehen. Beispiel: „Wenn ich Sie richtig verstanden habe, sehen Sie die Ursache der Schwierigkeiten in der Schnittstellenproblematik zwischen Entwicklung und Produktion."

Kommunizieren Sie unmissverständlich

- **Kein man – kein es – kein wir**
  Sprechen Sie Ihren Mitarbeiter direkt an und machen Sie klar, dass er gemeint ist.
  Negativ-Beispiel: „Man sollte eine entsprechende Analyse erarbeiten."
- **Kein vielleicht – kein eventuell – kein eigentlich**

Anweisungen müssen konkret formuliert werden. Negativ-Beispiel: „Vielleicht können Sie unserem neuen Mitarbeiter in der Anfangsphase etwas helfen."

- **Keine Suggestivfragen**
  Beantworten Sie Fragen, die Sie dem Mitarbeiter stellen, nicht schon selbst, ansonsten wird es Ihnen nicht gelingen, den Standpunkt des anderen in Erfahrung zu bringen. Ferner fühlt sich Ihr Mitarbeiter manipuliert. Negativ-Beispiel: „Sind Sie nicht auch der Meinung, dass eine Umsatzsteigerung um 30 % im nächsten Jahr realistisch ist? Ich denke, die Entwicklung deutet auf ein weiteres Wachstum hin, da können wir ganz zuversichtlich sein."

- **Nie mehrere Fragen auf einmal stellen**
  Sie verwirren und kosten Zeit. Negativ-Beispiel: „Sollten wir die Bestände bei den Düsen weiter reduzieren, sind eher die Ventile unser Problem oder müssen wir einfach drastisch bei den C-Teilen eine Bestandsreduzierung vorantreiben?"

6.6   Körpersprachliche Signale

Beschränken Sie sich in Ihrer Wahrnehmung nicht nur auf das gesprochene Wort. Ein Gesprächspartner kann zwar mit der Sprache versuchen, Sie zu täuschen, seine Körpersprache wird ihn jedoch in der Regel verraten. Wer z. B. sagt, dass ihn Ihre Argumentation sehr interessiert, dabei aber gelangweilt auf einem Zettel herumkritzelt, wird wenig überzeugend wirken.

- Wirkt der Mitarbeiter gelassen?
- Unterstreicht die Gestik das gesprochene Wort oder steht es im Gegensatz dazu?
- Gelingt es dem Mitarbeiter, durch Mimik und Gestik Interesse und Kompromissbereitschaft zu signalisieren?
- Zeigt der Mitarbeiter Dynamik und Aktivität?

Es ist empfehlenswert, sich speziell mit dem Thema Körpersprache intensiver zu beschäftigen, da dies nicht nur im Mitarbeitergespräch, sondern auch in zahlreichen anderen zwischenmenschlichen Situationen hilfreich sein kann.

Gesprächsauswertung und Nachbereitung 7

Wichtiger als das Gespräch selbst ist häufig dessen gründliche Auswertung und Nachbereitung. Nur wenn die vereinbarten Maßnahmen/Vorgehensweisen auch umgesetzt und Zusagen gehalten werden, wird der Mitarbeiter das Verfahren ernst nehmen, Sie als Führungskraft anerkennen, und beide Seiten werden einen wirklichen Nutzen daraus ziehen können. Nehmen Sie sich deshalb ausreichend Zeit, um im Anschluss an ein Beurteilungsgespräch diese Auswertung vorzunehmen. Wenn Sie hintereinander ohne Pause mehrere Gespräche führen, werden Sie im Anschluss wichtige Details nicht mehr rekapitulieren können.

7.1 Wenn es keine Einigung gibt

Sollte das Beurteilungsgespräch damit enden, dass Sie sich in wesentlichen Punkten nicht verständigen konnten, empfiehlt es sich, zunächst nochmals einen neuen Termin zu vereinbaren, um erneut die strittigen Punkte zu besprechen. Sollte auch dies nicht zum Erfolg führen, gibt es mehrere Vorgehensweisen, die in der Regel im Rahmen von Betriebsvereinbarungen unternehmensspezifisch oder über Tarifvereinbarungen festgelegt sind.

- Eine neutrale Person wird als Moderator hinzugezogen.
- Der nächsthöhere Vorgesetzte wird einbezogen.
- Vor einem paritätisch besetzten Ausschuss aus Arbeitgeber- und Arbeitnehmervertretern werden die strittigen Punkte nochmals behandelt.

Kommt es bei einer Beurteilung auch nach mehrmaligen Versuchen nicht zur Einigung mit dem Mitarbeiter, geht es in der Regel um viel tiefer liegende

© Springer Fachmedien Wiesbaden GmbH, ein Teil von Springer Nature 2020
D. Brenner, *Mitarbeitergespräche souverän führen*, essentials,
https://doi.org/10.1007/978-3-658-31358-6_7

Gründe als nur die eigentliche Beurteilung. Treten mit einem Mitarbeiter immer wieder die gleichen Diskussionen auf, sollten Sie sich überlegen, was die Ursachen hierfür sein können. Hinterfragen Sie sich kritisch, ob

- Sie möglicherweise bestimmte Vorurteile gegen den Mitarbeiter haben,
- der Mitarbeiter einfach auf der falschen Position tätig ist,
- der Mitarbeiter Sie als Vorgesetzten ablehnt.

Es kann auch sinnvoll sein, gemeinsam mit dem Mitarbeiter über alternative Einsatzmöglichkeiten innerhalb des Unternehmens nachzudenken, wenn sich die vorhandenen Spannungen nicht abbauen lassen.

7.2   Keine leeren Versprechungen

Jede Vereinbarung ist nur so gut wie ihre Umsetzung. Machen Sie nur Zusagen, die Sie auch halten können, und verfolgen Sie deren Realisierung. Dies kann bedeuten, sich vereinbarte Maßnahmen auf Termin oder Wiedervorlage zu legen. Leiten Sie konkrete Schritte, wie beispielsweise die Anmeldung zu Trainingsmaßnahmen, frühzeitig ein.

Geben Sie wichtige Informationen im Hinblick auf die weiteren Entwicklungsmöglichkeiten des Mitarbeiters auch an den HR-Bereich weiter. Hier ist eine enge Zusammenarbeit dienlich, besonders, wenn es sich um institutionalisierte Förderprogramme oder Schulungsmaßnahmen handelt. Seien Sie sich bewusst, dass eine konsequente Mitarbeiterförderung Ihr eigenes Image im Unternehmen positiv beeinflusst, denn Mitarbeiter sind nun mal das wichtigste Kapital eines Unternehmens.

Was Sie aus diesem *essential* mitnehmen können

- Mitarbeitergespräche stellen eine echte Chance dar, um sich mit Ihrem Mitarbeiter über die gegenseitigen Erwartungen und Einschätzungen austauschen zu können und die Zusammenarbeit zu verbessern.
- Das richtige Setting (rechtzeitige Einladung zum Gespräch, ungestörte Gesprächsatmosphäre, ausreichend Zeit) ist eine wichtige Voraussetzung für einen guten Gesprächsverlauf.
- Durch die Vereinbarung von klar definierten Zielen lässt sich die Leistung eines Mitarbeiters konkret bewerten und auch für den Mitarbeiter transparent darlegen.
- Indem Sie während des gesamten Betrachtungszeitraums Verhaltensweisen des Mitarbeiters anhand konkreter Situationen festhalten, können Sie im Mitarbeitergespräch Ihre Einschätzung mit anschaulichen Beispielen belegen und nachvollziehbar machen.
- Nutzen Sie das Mitarbeitergespräch auch, um seitens des Mitarbeiters ein Feedback zu Ihrem Führungsverhalten zu zu bekommen und den Mitarbeiter aktiv in den Prozess einzubinden.

© Springer Fachmedien Wiesbaden GmbH, ein Teil von Springer Nature 2020   47
D. Brenner, *Mitarbeitergespräche souverän führen*, essentials,
https://doi.org/10.1007/978-3-658-31358-6